大展好書　好書大展

超現實心靈講座 9

超能力的靈異世界

關英男／監修
超科學研究會／編著
馬小莉／譯

大展出版社有限公司
DAH-JAAN PUBLISHING CO., LTD.

目　錄

第1章　不可思議的心靈感應

第2章　預知、後知之謎

第3章 意志力一定可以產生

第4章 驚人的透視力

第5章 「氣」與超能力

第6章　探尋夢的秘密

第7章　幽體脫離的證據

第8章 生物無法相信的超能力

第9章　未知世界之鑰

・專　欄

第1章❖不可思議的心靈感應

超心理學的出發點

這個世界上有各式各樣不可思議的現象，將這類不可思議的現象用實驗來證明的先驅者，便是美國迪克大學的J・B・來恩博士。

來恩博士的超心理學研究，不是將人的心當作感覺器官，而是著眼在心是否會與外部的自然相互作用。

來恩博士的研究所利用統計及不斷實驗的結果，得到以下五個結論。

①調查如「蟲的消息」的現象，每個實驗都證明這個現象是存在的。

②猜中放入箱中的數字這類透視能力，用ESP卡片試了幾萬次都非常準確。

超心理學家J・B・來恩博士

③精神感應及透視不只是在近處，也有可能是在遠方。

④用ESP卡片（超感覺實驗的卡片）做預言實驗，證明了預言的可能性。

⑤心理實驗證明心有影響物質的PK（意志力）。

來恩博士的這些實驗刺激了歐美各地研究家開始研究ESP及PK。

接著，美國及蘇聯等軍事大國還把它當超秘密武器來研究。

打破科學的界限

人的一生當中總會做幾次不可思議的夢或是突然預知到什麼，像把湯匙弄彎，跳過一條大河等奇妙的事。

若要把這些經驗寫成書，有些人還可以把它寫成一本書。

對於這些不可思議的現象，現代科學又作何解釋呢？若要把這些現象用科學來說明，又該如何說明呢？

多數的人會將心與物質二元化，以爲物質世界的謎終會被解開，宇宙的因果也會有明朗的一天，但其實「心」是絕對無法用科學來說明的。

其實不管是宇宙之謎或是人的生死之謎，只要好好的想一想，自然便會發覺它們的根源是相同的。

其實自然並不神秘，只是它非常深奧，這點永遠也不會改變。

測驗心靈感應度（是打○，不知道打？，不是打×）

①有時會忽然想起久未連絡的朋友。
②不喜歡用自己的手打死蚊子。
③沒有鬧鐘也會在該起床的時間起床。
④常覺得有聽到什麼聲音。
⑤心臟會忽然跳得很快。
⑥在自己不熟悉的地方會莫名其妙地覺得不安。
⑦不喜歡動物。
⑧喜歡的人出軌也不會放在心上。
⑨不喜歡看地圖。
⑩對花、草沒有興趣。

①②③④⑤
○＝2分
×＝0分
？＝1分

⑥⑦⑧⑨⑩
○＝0分
×＝2分
？＝1分

0～6分　不太有心靈感應。因你不相信有心靈感應這種力量，所以這種力量特別弱。
7～10分　有一點，會變更強。
11～15分　頗有心靈感應的能力，把握得好，此種能力會更好。
16～20分　相當具有心靈感應的能力，直覺能力也很好。

愛迪生也曾想發明靈界通信機

半世紀以前就有人在研究與靈界的通信機，連發明大師愛迪生也曾想試試，但沒成功。

之後，有人發明了與「死者通話的機器」，並把它取名做「死必靈扣」，發明這部機械的便是美國美太科學基金的喬治·米克。

這個機器的發明，給了EVP（電子聲音現象）的研究學家們很大的衝擊，也有些學者對這部機器抱持著懷疑的態度。

尤其是設計美國宇宙計劃機械的設計師英國人A·馬克雷設計師，是英國的首席科學家，「死必靈扣」發明後他做了強烈的批判。

不過，在與喬治·米克談過後，馬克雷的疑問也消失了。

「死必靈扣」發明後，英國有人成功發明了類似的機器，但僅能聽到的聲音是很短的。

能成功地與靈界通話有三個重要的原因。首先是機器的設計，接下來是接話者必需有通靈的能力，最後才是靈的性格。

不過，百分之九十還是決定於機器本身，百分之十才是通靈者的能力。

若能再把這百分之十降低，然後再增加機器的功能，或許每個人就都可以和死者通話。

用超能力與死者通話

義大利那波里的電視台，有觀衆打電話至電視台，透過主持人的超能力與死者通話的例子。

進行通話的是第魯非諾先生。他把眼睛矇上，進入催眠狀態，當觀衆打電話來時，他用觀衆已死親人的電話與他們對話。

比方打來了六十通電話，幾乎半數以上都成功。

這個節目還有一次是非常不可思議的一通電話。有一個叫做朱莉安娜·馬拉伊娜的觀衆，想和他五年前死亡的妹妹通話，當時她的妹妹是三十六歲。

第魯非諾於是準備進入對話，他沈默了三、四分鐘調整能力後，忽然開始説話了。

「不過，説話的聲音卻不是她妹妹諾基亞的聲音，而是一個少女的聲音，她説她的名字叫娜娜，現在正與諾基亞過著幸福的日子。」

茱莉安娜很納悶娜娜到底是誰，問了她八十五歲的媽媽，才知道是三歲時死於腦膜炎的長女。

這件事只有她媽媽才知道，第魯非諾這個外人是如何得知的呢？

所以，我們也不得不相信他真的與死者可以通話。

日本的青森縣也有類似的這類事件。

一卵雙胞胎的強烈心靈感應

以下的故事可以證明雙胞胎的心的波長是如何地相近。

芭芭拉哈佛與戴芙妮古多希普於一九三九年出生於倫敦的醫院。不過，一個是被公園管理員領養，一個被一個學者領養。

芭芭拉二十歲時知道有一個雙胞胎姐妹，他到處打聽消息，終於在一九八〇年的四十年後二人再度相逢。

很不可思議的是，再見面的時候，二人穿的都是米色一件式衣服及咖啡色的外套。而且二個人的丈夫都是她們十六歲時在舞會認識的人，且都是公務員。

二人再繼續深談，發現有更不可思議的事。她們二人第一次懷孕時都流產了，後來生了二男一女。

相見的一年前，買了相同的書，兩人喜歡的書與作家都一樣。

十五歲時從樓梯上跌下來，之後膝蓋一直不好。

甚至兩人要見面時買給對方的禮物也是在同一天買的，買的又剛好是毛衣。

她們二人的波長一樣，但思考及感覺如此一致，實在很不可思議。

溺水而死的心靈感應特別強

心靈感應與心理、生理、社會條件都有關係，其中就舉幾個特徵。

①與遺傳有關係。父母親或親人有這種能力的人，多半會這樣。

②一卵性雙胞胎，其中一個是「傳送」，一個是「接收」也會比較容易發生。

③若以性別及年齡來說的話，男性多半是「傳送」，女性則多半是接收。此外，小孩子及年輕人也比老人容易「傳送」。有一個叫做哇魯扣利耶的學者，認爲心靈感應是年齡愈大愈有，但老了之後就會衰退。

④不管是外國或是日本，無意識狀態也就是睡覺時或作夢時，較會有心靈感應。

英國的研究學家發現了一件很有趣的事，他們發現三九五個心靈感應的例子中，百分之九溺水而死的心靈感應會更强。

枕邊聽到的聲音

演員小松方正是個很敏感的人，他在大阪演戲時，有一個人很照顧他。

有一天，半夜三點鐘左右，他在家裡客廳寫信時，忽然覺得肚子一陣劇痛。

他想辦法止住了痛，但第二天早上八點，有人從大阪打電話給他，說他的朋友死了。死亡的時間正好是他肚子劇痛的時間。

還有一件事是他女兒去考一所女子小學的事。當時他女兒已經是候補，那所學校的慣例，只要是候補就差不多會過了，所以已經有很多人打電話來道賀，他也忙著煮紅飯。

但早上要醒來前，他的枕邊忽然傳來人的聲音說「好可惜，沒有過」。等到張開眼睛，身旁根本沒有任何人，當天三點鐘放榜時，他的女兒果然沒有通過考試。

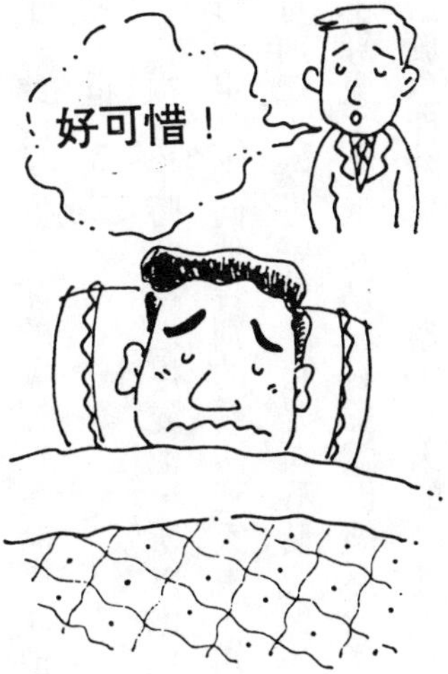

祖母最後的道別

『慕』這本雜誌的封面都會畫些驚異的畫面，負責插畫的人就是安久津和已。

「十二年前我還是個一般上班族時，和公司同事到長野縣去滑雪。晚餐後大家聚在一塊兒玩牌，當時鐘走到九點時，我的身體突然覺得不適，上吐下瀉得很厲害，又發燒，站都站不好。

連附近的醫生也不曉得我到底患了什麼毛病。一個晚上都這樣，好不容易睡著了，卻在作夢，第二天情況還是一樣，連續發了二十個小時的高燒，身心疲累不堪。」

後來，五點半左右，身體忽然覺得輕鬆了起來，那些痛苦的症狀也跟著消失了。此時，安久津的家裡打電話來說他祖母去世了。

祖母平時非常地疼愛他，所以他想祖母一定是來向他告別的。回到家中才知祖母前二天還好好的，可是黃昏時突然身體不舒服，晚上九點左右意識已經不清了，由於急性肺炎，經過了一天的掙扎，在隔天傍晚五點鐘便與世長辭。

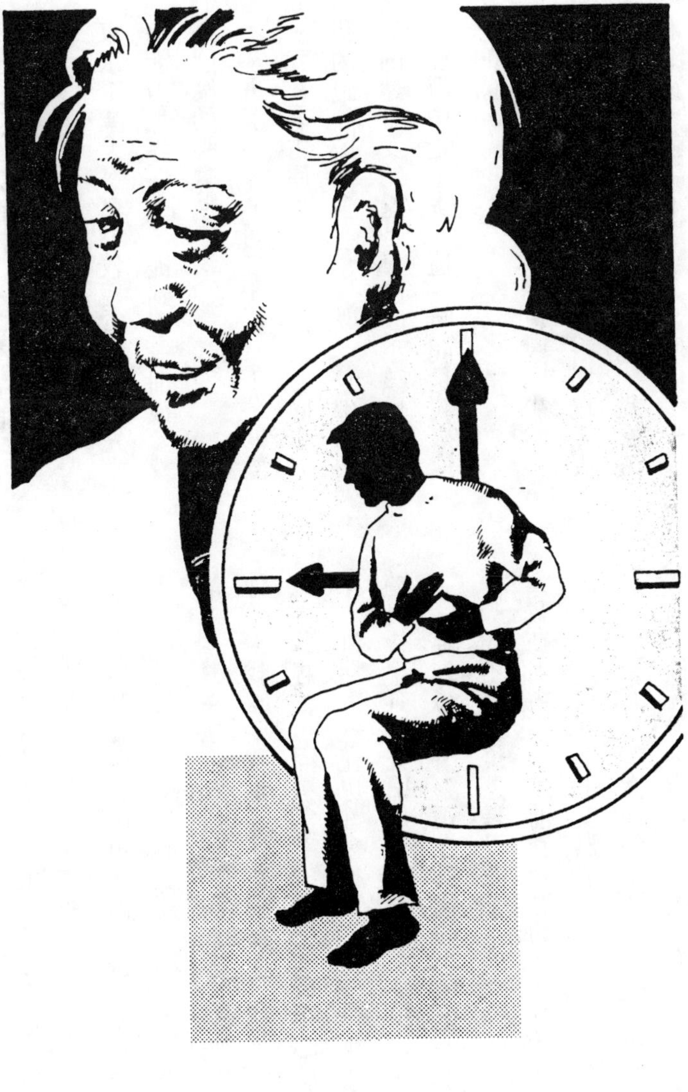

為何長男溺水時，父親看見了海

東京工業大學名譽教授宮城音彌先生的『超能力世界』中，提到了一則很珍貴的心靈感應的經驗。

「一九五一年六月二十七日下午四點左右，我在名古屋車站下車走路要回家。突然我的眼前出現了一片海，有小孩子（是男的還是女的還是自己的小孩也看不清楚）往海中走了去。這一瞬間是我永遠無法忘記的。

剛好那天我的長女（當時國小六年級）參加學校的旅行，去海水浴場玩三天二夜。出門時太太說要去拜一拜，我看時間快來不及，就說不用了，並催促孩子趕緊出門。

不過還是覺得怪怪的，所以在心中默默祈禱孩子能平安無事歸來。

當時我在名古屋車站前經營一家雜貨店，店員打電話來告訴我說我的長男（九歲八個月）去河裡游泳到現在還沒回家，他要去找，要我也趕快回去找。

我趕緊趕回家中，三男獨自在鄰居家，鄰居大伙兒也都去找了，於是我快速騎自行車奔往矢田川（離家約一公里）。

趕到後，警察正在爲我的小孩做人工呼吸，不過最後還是沒救了。他死的時間與我在名古屋車站前看到海的時間是一樣的，當然長女則平安無事。

不管有沒有牽涉到生死，你也許也曾有過這種經驗，這就是心靈感應。

死者的靈魂敲了敲寢室的門

類似心靈感應的例子有的是本人出現的，以下我們就來看看宮城音彌先生在『超能力世界』一書中的例子。

我的兒子去世於一九六一年二月二日，當時四四歲。他畢業於舊東京美術學校，也就是現在的工藝科漆藝部，與東京工大的清家清教授同年級。他畢業後立刻出征，十九年後回到母校任教，生了一個月的病後便與世長辭。接下來要說的是很不可思議的事。

他是個很有責任感的人，即使在病中仍很擔心學校的考試。二月十二日晚上斷氣時，當時在校園內巡邏的守衛看到有人穿西裝站在電線桿旁。

守衛以爲是小偷，快速走近一看，影子便消失了，正準備回去時又看到了。

後來接到我打電話告訴他小兒已死的消息，那名守衛特地來燒香，來燒香時他告訴我這件事。

小兒的上司學生課長K老師，在那時也聽到有人敲門的聲音，第二天到學校，一聽到小兒死的消息便立刻趕了過來，這位老師很照顧小兒，我的小孩很信任他。老師一向不相信這種不科學的事，發生這件事，他也覺得很不可思議。之後，這件事在校園裡也引起大家的討論。

其實沒有必要去追究這是真的還是假的，因爲根本沒有理論可以證實它，不過相信它，也絕非是偶然。

死者的雪恨

『死後之生』這本書中收集了很多與死者對話的例子，這本書的作者就是研究異常現象很有名的樓勾博士。

其中，有一則這樣的事例。一九七〇年美國的印地安那州有一個名叫查理的年輕人被殺害，他的車子也被偷了。警察通知他的父親來認領屍體，他父親從家中開車準備往警察局去。

握著方向盤的父親忽然聽到兒子的聲音，告訴他被偷的車子放在何處。父親順著兒子的引導，終於找到了被偷的車及殺人犯。

此外，也有與毫不相干的人說話的。

一九七七年芝加哥有一名泰勒茜的菲律賓女性被殺害了。四個月後，伊利諾州的一名菲律賓醫生的妻子，突然陷入意識不清狀態，並用菲律賓的語言說「我的名字叫做泰勒西」。

她並且說出殺害他的人的姓名，根據這項指控找到一家醫院的工人在殺了泰勒西之後，搶了她的珠寶。

警察在工人的住處找到了珠寶，這個案子宣佈偵破，工人也被逮捕。

死人往往會借助不可思議的力量來洗刷自己的冤屈。

第1章　不可思議的心靈感應

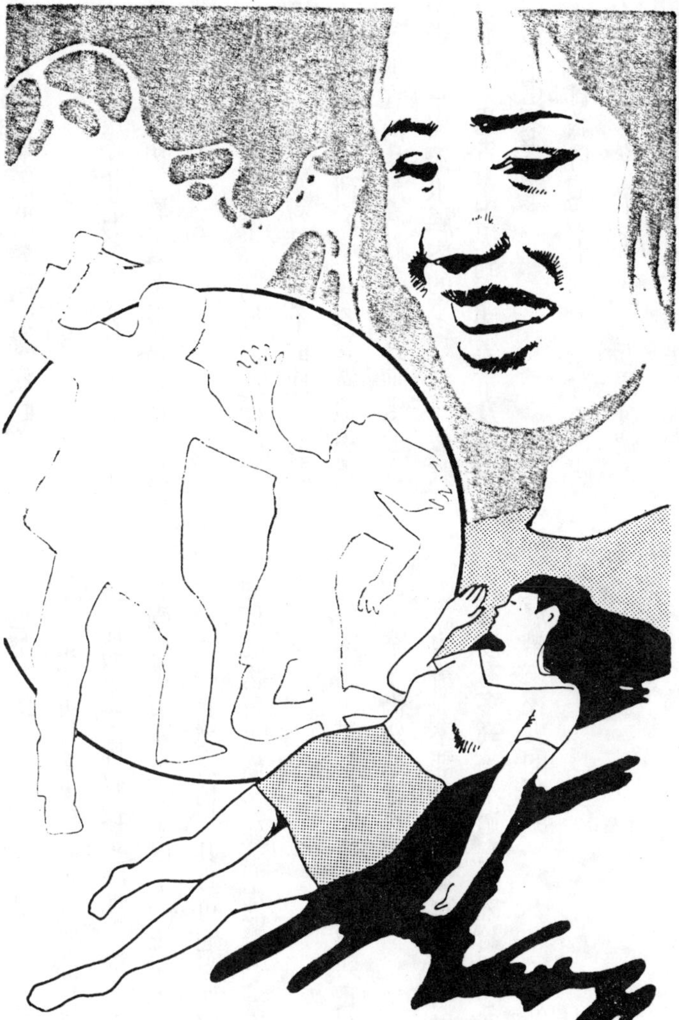

諾基拉斯號的心靈感應實驗

心靈感應中很有名的是在一九五四年進水，世界最初的原子潛水艦諾基拉斯號上進行的實驗。

不過，美國海軍否認曾做過這樣的實驗。根據巴黎科學雜誌『香士耶比』的記載，西屋公司的研究中心委託做這項實驗。當船在海中航行時，讓在地上的人（傳送者）與潛水艦內的第三者（接收者）通話。報告書中提到美國海軍及空軍一起做了這項實驗。

這個實驗持續了十六天，傳送出四角、星形、波線、十字、圓等五個符號，等諾基拉斯號結束航行後，再進行比對。結果有七〇％以上的準確率，五個圖形也都一致。

雷尼可拉多大學的生理學部長雷歐尼得·瓦西里艾佛教授對陸地與潛水艦間的心靈感應實驗，做了以下的說明：

「心靈感應情報其實可通過妨礙無線通信的物質，像包住潛水艦的金屬及水等。」

不過，諾基拉斯號的實驗到底有沒有做，至今仍然是謎。

也許並不能確定這個實驗的結果到底真實度有多高，不過它的確給超心理學的發展帶來很大的刺激。

第1章　不可思議的心靈感應

心靈感應訓練成功的例子

心靈感應最好是在有血緣關係或是感情較深的人中來做比較好，像父母親、兄弟姐妹、夫妻這類的，彼此心靈比較容易溝通。很有默契的好朋友之間也比較容易產生。

首先要決定時間，在一定的時間內傳送、接受。除了感覺外，一些微弱訊號也要好好把握住。

可先設定好二點或是三點，設定一個比較明確的時間，再來測試定時通信。

傳送及接收的地方最好選在安靜一點的地方，一個人靜下心來專心地做。

最簡單的方法，送信者可以一邊看著某個圖形一邊傳送，圖形愈簡單愈好。首先可先從圓形及方形等單純的圖形開始，然後再慢慢變難。

受信者這邊若能接收到，可以把它畫在紙上。若没辦法畫出完整的，可以畫個概圖就好，然後再慢慢畫出較複雜的部份。

從初期的實驗開始，等到有信心後再進入下一個階段做不定時的實驗。最後不要決定時間，試試看能不能成功。

只連絡「明天要來心靈感應」，而不要事先連絡時間，試試看能不能傳送與接收。

此時，在接收到訊息時可以打電話向對方確認。不過，由於距離及地形的差距也會發生時間差，比方四點傳送的，也許對方四點二十分才收到。

這種不定時心靈感應也可用別的方法測試。決定一個固定的時間，請對方多傳送幾次，當接收到時便把時間記錄下來，之後再與送信者核對。

當心中無雜念可以集中意志時，就不會被其他的記號擾亂，可以正確收到對方傳來的訊息。

不過，這裡有一點必需考慮到的。有的人可以傳送但無法接收，也有的人可以接收但無法傳送，所以傳送與接收可以交換去做。有些人接收力很強，但完全無法傳送，有些人則正好相反。

以下這個實驗也很有趣。

「猜猜打電話來的人是誰？」有人打電話來時，在拿起話筒前先猜看看是「陳先生」還是「黃先生」打來的。

精神愈集中的話，準確度也會愈高。若把電話鎖定一定是某個人打來的，而剛好又是那個人所打來的，表示你與那個人的心靈感應度很高。

為心靈感應實驗特別設計的均質場法

麥毛利地斯醫學中心的超心理、心理物理部門的查爾斯·歐那頓想出了均質場法。

這是開發及增進某種超能力的方法，德文的意思是「被統一的狀態」。這種方法主要被使用於心靈感應的實驗。在一個隔音良好的房間裡，心靈感應的接收者躺下並頭戴耳機，接著把切成二半的乒乓球放在眼睛上，爲了不讓光線進入，可以用膠布貼上。此時放一些輕音樂，並從外面點上微弱的紅色光線。

第六感比起其他的感覺是相當弱的，所以很可能被其他的感覺所掩蓋，若第六感可以蓋過其他的感覺，超能力也就會跟著出現。

並不是外界的感覺進入就會完全蓋住第六感，而是把刺激固定在一定的狀態。如此一來，腦一旦習慣刺激便會沒有反應。

所以把注意由外部轉換到內部，也就是把注意移向一個意象的世界。此時別的地方，比方隔壁房間、隔壁大樓有人傳送訊息過來，便可接收到。

在接收者的腦中由於來自外界的刺激很少，也就比較好接收到訊息。

第1章　不可思議的心靈感應

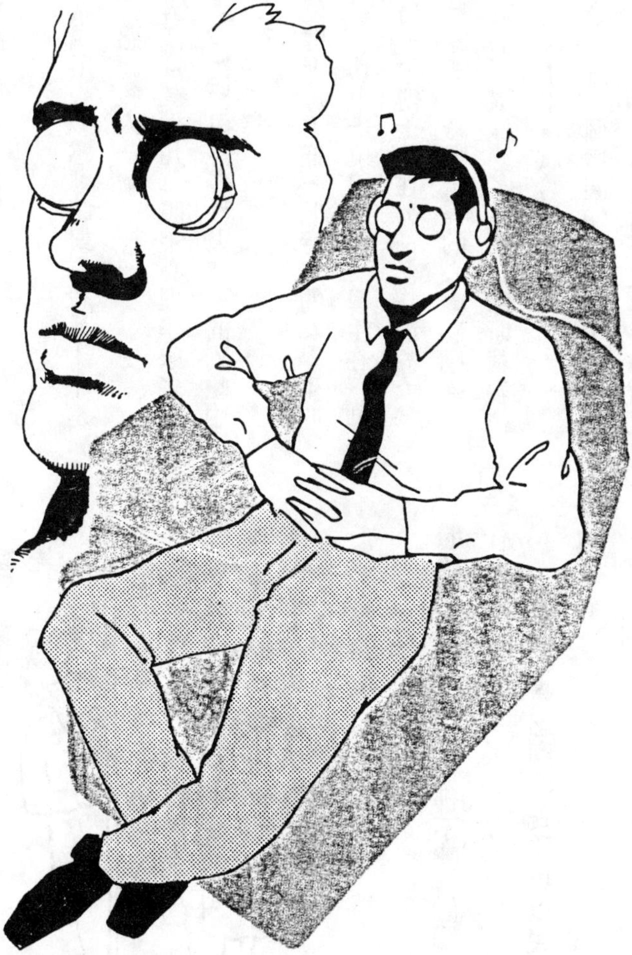

用心靈感應擊倒對方

在遠處用心靈感應將對方殺死——這叫做心靈感應殺人法。

這個實驗在一九二四年心理學家多宇傑邱佛斯基教授與科多科夫博士的實驗中有記載。

兩位博士每天把一個特定的女學生叫到研究室。其中一位博士與女學生在一起談話，另一位博士則在另一個房間對女學生傳送「睡吧！睡吧！」的心靈感應。

經過了一個月，多宇傑邱佛斯基教授前這個女學生手拿試管睡著了。

之後，另一個房間的科多科夫博士解除了心靈感應時，那名女學生又手拿試管繼續與教授談話，彷彿不曉得剛剛發生了什麼事。

這個心靈感應的實驗可以說非常成功。

煩惱反而對超能力沒有幫助

得過二次諾貝爾獎的居里夫人，及盤尼西林很有名的阿雷基山達·佛雷明，名醫學家路易·帕斯魯等人，他們成功的背後其實歷經了很多失敗。

的確，大企業家、大學者們幾乎沒有人是一下子成功的，他們也曾經歷了無數次的失敗。

但不可思議的是，他們總把「自己運氣很好」掛在嘴邊，他們不會把失敗掛在嘴邊，或是一天到晚只是在煩惱中度過。

若老是把失敗掛在嘴邊，反而會有負面的效果，最後連努力的力氣都沒了。

其實煩惱也沒有用，開朗點反而有助於超能力的發揮。

活化右腦、左腦的方法

平常不常做的事偶而做做看，可以強化感覺。眼球的轉動就像這樣，人的右眼是由左腦控制，左眼則由右腦控制。

所以，面向正面時，左邊的視野會下意識地看，此時，儘可能眼球不要動，而儘量導向左側。這個方法是要活化連接左邊視野的右腦。

右腦、左腦的平衡，就好像左手與右手一樣。慣用右手的人也應偶而使用左手，比方用左手提包包、開門、刷牙、用剪刀、投球等。

這樣可以刺激平常較少接受刺激的腦部。

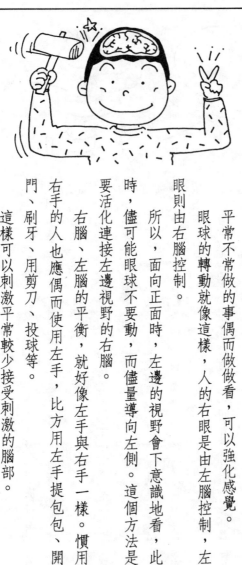

第2章❖預知、後知之謎

有一個聲音說「不可以去劇場」

一八八七年一月，美國陸軍的馬克哥旺大尉與小孩約好，等他從宿舍回來要帶他去劇場看戲，所以前一天他就把票買好了，順便去看看舞台及座位。當天他的腦中似乎出現了一種聲音。

有一個聲音說：「不要去劇場，叫孩子們回宿舍去。」

這個聲音愈來愈大，於是他決定不去。

雖然讓孩子們失望，讓他很難過，但那個叫他不要去的聲音不斷出現在他腦中，使他相當地不安。

那天晚上，劇場發生火災，死了三〇五人。

之後大尉把這件事告訴超心理學家們，並取出保存在他妹妹那邊的三張入場券為證。

『大旦號遇難』這本小說

一八九八年摩根·羅巴多松寫了『大旦號遇難』這本小說。令人驚訝的是這本小說的內容與十四年後，也就是一九一二年大旦尼可號事件一模一樣。

大家都知道大旦尼可號於一九一二年四月十四日星期天，在大西洋上撞上冰山沈沒。這艘豪華客船當時載有二二〇七人，船上一五〇〇多人遇難。

『大旦號遇難』這本小說比實際大旦尼可號事件早了十四年。四月處女航時便在大西洋北洋航路上撞上冰山，這兩事件幾乎完全一模一樣。

維吉尼亞大學心理學教授伊安·史帝文生也指出：大旦號的乘客人數、救生艇數，與冰山衝撞的速度、排水噸數、船身全長等都與大旦尼可號酷似。

預知諾曼地登陸的暗號

以美國及英國為中心的聯軍『史上最大的作戰』是一部相當有名的電影。

這個登陸作戰是在一九四四年六月六日，是一個大作戰計劃的一部份。

有關這個作戰有一項很不可思議的流傳，研究這個流傳的是大田原治男先生。

當時美軍的登陸預定地取名作「猶大」及「歐馬哈」，這些都是暗號，也是最高機密。

一九四四年五月發行的一份報紙中的解答，竟與這個暗號完全一模一樣。

由於暗號一模一樣，所以英國國內的情報部懷疑是不是潛入英國的密探送出的訊息。

但解答這個暗號的兩個人都是很有名望的校長，且這個解答是一九四三年底就完成的。

這實在很難解釋成是偶然事件，大田原先生認為這是重大事件發生前「未來反射效果」的預兆及預知。

第2章　預知、後知之謎

甘迺迪暗殺事件被料中了

美國總統甘迺迪總統被暗殺轟動了全世界，其實這早就被預知了。

一九六三年十一月二十三日，在華盛頓的梅夫拉娃飯店中吃午餐的珍·迪克森夫人忽然大叫說：

「總統中彈了……啊！總統死了」

之後，電台的消息並沒有公布總統死亡的消息，只說「中彈在輸血中」。迪克森夫人則斷言「總統被射殺了」結果證明迪克森夫人說得没錯。

她對大政治家的未來具有預知的能力，十一年前他就預知了，所以三個月之前她就要總統的好朋友警告他不要南下，

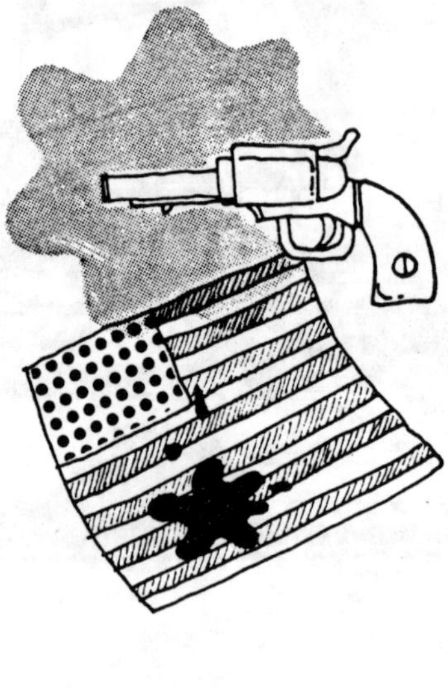

結果總統不聽警告，不幸的事件終於發生了。

測定預知度（是打○，不知道打？，不是打×）

①經常打翻杯中的水。
②被罵就懷恨在心。
③不喜歡與人鬧成一片。
④不喜歡太跨張的想法。
⑤休假喜歡待在家裡悠閒度過。
⑥考試前拼命唸書。
⑦電話沒響前就知道會有人打電話來。
⑧曾很不想搭車過。
⑨與某人結緣很深。
⑩很有中獎運。

①②③④⑤
○＝0分
×＝2分
？＝1分

⑥⑦⑧⑨⑩
○＝2分
×＝0分
？＝1分

0～6分　幾乎沒有預知力，不相信預知力的存在。
7～10分　有一點預知力，可再多相信一點預知力。
11～15分　有不錯的預知力，可積極加強自己的預知力。
16～20分　有很好的預知力。

織田信長用超能力打敗了今川義元

研究經營心理學的松本順，認爲織田信長用超能力打敗了今川義元。

織田信長在桶狹間打敗今川義元的大軍時，發揮了他的超能力，也因此，他才能以三〇〇〇之兵打敗今川義元的三萬大軍。

大家都認爲織田信長絕對不會贏，但他卻抱著必死的決心。在他背水一戰之際，想出了「唯有急襲才會贏」的戰法。

松本認爲：「這是預知能力使織田信長打贏的，他的意識及下意識緊密合作才打贏了這場仗。」

超能力會下意識產生，所以內心必需先接受它。

①必需相信超能力存在於每個人的下意識中。

②一有擔心的事會出現超能力。

③必需是在「空」，無我的狀態。

④必需相信「自己今天運氣很好」。

了解要如何產生超能力是很重要的，尤其相信自己運氣很好、狀況很好時，會比較容易產生超能力。

第2章　預知、後知之謎

預感得知巴魯奇克艦隊該如何前進

日俄戰爭時，俄國的巴魯奇克艦隊不知是要繞過非洲進入對馬海峽，還是要迂迴太平洋從津輕海峽通過宗谷海峽進入烏拉吉歐史多克。

此時，日本艦隊的秋山參謀正在為不知該如何而煩惱，五月二十四日半夜，他累得睡著了，在半夢半醒中眼前出現了對馬海峽，他看到巴魯奇克艦隊分為二列行駛過來。

他想這一定是在暗示他該往對馬海峽，於是他不經過太平洋，並假設通過對馬海峽來設定作戰計劃。

東鄉艦隊把主力集中到對馬海峽，終於打敗了敵人，這在世界海戰史上是很有名的。

善用水渠

心理學有一句話叫做「開水渠」。在寬廣的河底若有一條水路，水會比較容易流通。愈往下挖愈容易流，強化腦力就好像開水渠一樣。

有想像力的人會在下列情況下突然想到某事。

- 發呆的時候。
- 搭電車或巴士的時候。
- 散步、聽音樂的時候。
- 看書、雜誌的時候。
- 喝茶、咖啡的時候。
- 洗澡的時候。
- 睡午覺的時候。

發呆、散步時都是精神比較輕鬆的時候。想像力強的人會利用這個機會下意識地突發奇想。

車子故障是在預知恐怖行動事件

預知是很難說明的，以下就來看看這個例子。

宇宙的所有現象都是物質界的現象引起的，也就是宇宙的所有現象都是互相密合之後，高次元的東西比低次元的東西先發生。

聽我的朋友說，昭和初年就一直在首相官邸當司機的柄澤好三郎，有一天把平沼騏一郎由官邸送三次回家時，車子在中途三次都不動。然而車子並沒有故障，第二天又恢復正常了。他到平沼的官邸才知道發生了恐怖事件。

車子之所以不動，可能是預知平沼要遇難的事，這樣的事件絕不是想像或是偶然，而是一種預知。

「不高興」的預感

能否預知一些事情，與潛在的腦活動有相當大的關係。

心理學大師佛洛伊德認爲：「潛意識壓抑的事會藉由夢來解放」。

這種潛在意識與腦活動的關係可由右腦、左腦理論找到端倪。

把大腦像球一樣切成左右二半，左半球與右半球的功能是不一樣的。

得過諾貝爾醫學生理學獎的加州大學羅佳·史貝利先生便研究了大腦左、右的功能。

左半球腦是有意識，而右半球腦則沒有意識。左腦與語言及生活、想法有關。

有一個很好的例子是「不高興」。腦子明明都知道了，但卻總覺得不高興。

這是左腦已經理解，但右腦仍不接受所致。

覺得「還是不要這麼做比較好」時，是第六感已經在通知有危險的事要發生了。覺得這次旅行好像怪怪的，去了之後真的發生墜機事件，是因爲右腦已經察覺了。

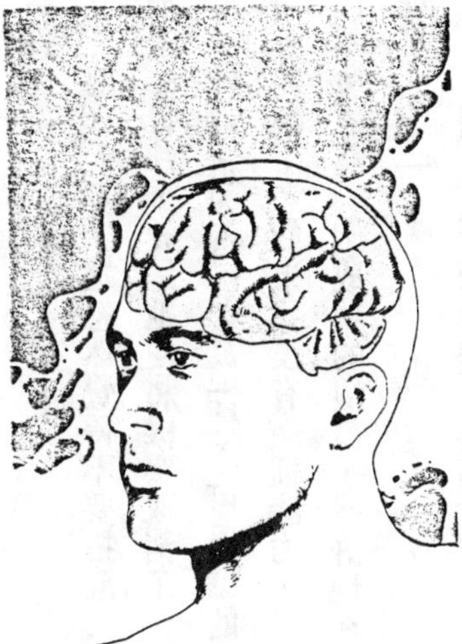

相信你的預感

義大利的名演員蘇菲亞羅蘭於一九六一年以『二人的世界』獲得奧斯卡獎。她在比得利阿·西卡導演的影片『昨日、今日、明日』、『向日葵』中的演技也非常精湛。

她曾從國外打電話給在羅馬的老公，問他是否有保竊盜險，因她老覺得心裡怪怪的。果然小偷進到她的家，把奧斯卡的獎杯偷走了。

又有一次，她在巴黎的寓所中與秘書討論是否要保火災險，當天晚上屋子果然就著火了。

有一個預知能力更準的是，飛機墜機事件。

前一天晚上她忽然覺得不要搭隔天的飛機比較好，於是她便將機票取消了。

她很感謝自己有這種不可思議的能力，並說：「如果我沒有這種能力，或許也不會成爲一個成功的演員，或許現在也死了……」

人說「理論會錯、直覺是不會錯的」。明知不可能會這樣，若有討厭的預感產生時，不妨姑且信之。

第2章　預知、後知之謎

將預感應用在日常生活上

我不會凡事都先去計劃，但結果也往往不會太離譜。日常生活中也常有我們意想不到的事。

比方心想今天真想看看那傢伙，一邊走路一邊這麼想著。只要心裡一直想著：「一轉過那個彎，我一定會遇到他」，奇怪！他竟然真的出現在那裡。

坐在電話前，想打電話給久未連絡的朋友，說也奇怪，不到十分鐘對方就打電話過來了。或是你在打，對方也在同一個時間要打電話給你。

導演過『超越時空的少女』、『漂流教室』的大林宣彥導演說：

在岡山的旅館，眼鏡的螺絲掉了，他走到電梯想下樓借扳手時，電梯門一打開，小弟手拿扳手微笑著說：「先生！請用。」

大林先生說：「每個人都具有超能力」，我們應該把它好好地運用在生活上。

被貓咬過後有了預知能力

很多人都有被貓、狗咬過的經驗，有一個故事是說被野貓咬過後，有了預知危險的能力。

這是一個中學三年級女生的故事。以前被貓咬過的小指周圍，只要接觸到空氣中軟軟麻麻的東西就會有反應。比方，莫名其妙地有討厭的感覺時，把指頭指向東、西、南、北，只有某個方向會有反應。

對這個故事，魯內·汪達魯的回答是這樣的：

「類似這樣的事以前就發生過了。在歐洲有人被野豬咬過後，或被野狼咬過後的傷，都具有不可思議的能力。另外，有一個漁夫在被魚咬過後，傷痕可以深知魚群的方向。

爲什麼會這樣，其實也無從說明。也許動物在拼死抵抗時，牠們身上某種無法用科學解釋的能力傳達到人類身上也說不定。」

這種不可思議的能力，也許在受到某次驚嚇後傳給人類，並轉換成預知的能力。

王仁三郎預言對美之戰一定輸

大家大概都知道出口王仁三郎吧！他是日本大靈能家中相當有名的一個。

他預言過的關東大地震、太平洋戰爭、原子彈爆炸都相當準確。其中，他曾於明治三八年預言了以下的事情。

「不久會有滿洲戰爭，而它會成爲與美之戰的導火線。」

如預言所說的，日本果然與美國打起來了。

美軍的飛機會從空中來襲，整個日本會成爲一片火海。船也無法潛於水底，補給會整個斷絕，大日本帝國也會滅亡。

這個預言是在日本於日清、日俄二個大戰勝利後說的，當時大家正在歡欣鼓舞的氣氛當中，他能預言得這麼準，實在令人佩服。

「廣島會成為一片火海」的預言

「即將要下火雨了！」

「新武器的戰爭。」

「只落在東洋上，即使是小小的，也會讓東洋成爲一片火海。」

以上是出口王仁三郎在一九四四年所說的預言。他並且說：

「日本會戰敗，廣島會慘不忍睹，戰爭就緊跟著結束。」

「廣島在戰爭末期會很慘，會成爲一片火海，之後又會被水洗得很乾淨。」

如預言所說的，八月投下原子彈，九月又遇到二次大水災。

只有高階層的人知道美國開發新武器的事，爲何有人知道原子彈會落下，東洋會成爲一片火海呢？這實在是很驚人的預知能力。

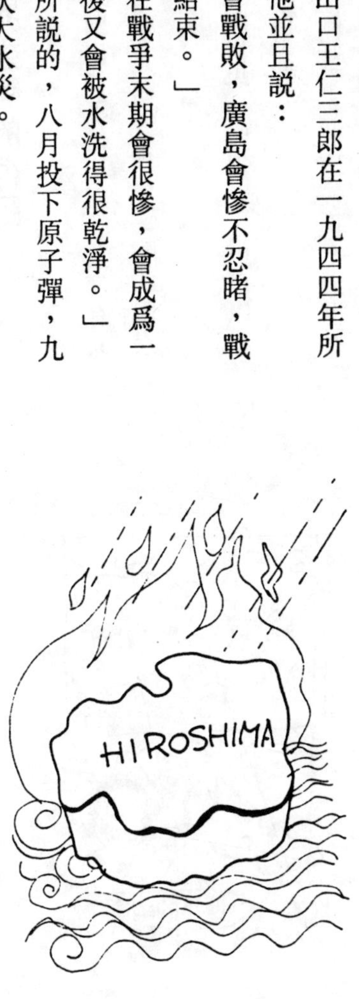

日本是世界大陸的縮圖

有很多人對出口王仁三郎的預言有異議，其中有一個是研究神秘學的武田崇元。

請大家翻開世界地圖看看，就可以知道王仁三郎的世界觀。

首先，先好好看看並比較日本與世界地圖，您可以看出日本幾乎是世界的縮小圖形。若把日本列島的圖形擴大並配置成整個世界，它幾乎與世界地圖吻合。

王仁三郎說：

「日出國日本彷如世界的縮圖。九州就像非洲，北海道就像北美，四國就像澳洲，本洲就像歐亞大陸。」

北海道—北美
本州—歐亞大陸
四國—澳洲
九州—非洲
看看是否一樣呢？

出口那歐預知了福知山的大洪水

大本教的開山始祖也有很好的預知能力，他預知了福知山會有大洪水。

大洪水前的幾天，那歐夢見①福知山鄉會有洪水來襲，②鄉民若逃到御靈神社避難便會没事。他於是趕緊跑到福知山鄉去，並把這件事告訴鄉民。

很可惜，没有人願意相信她的話。

没多久奇怪的事就發生了，天上烏雲密布，京都府與滋賀縣交界處的福井縣内有一座三國山，由這座山流出的由良川的水暴增，淹進了福知山鄉。

福知山鄉大水漫布，淹死了四百人以上。難得有神明的指示，並教他們逃生的方法，但仍然有許多人死於非命。

地球大變化的預言

大本教的開山始祖出口那區預言了日清、日俄戰爭及第一次世界大戰、第二次世界大戰。

她甚至預言世界會起一次大變化，世界大戰後人類會只剩下三成左右的人口，日本只剩下不到二成的人口。

此外，美國的凱西也做了以下的預言。

- ●日本一半以上會沈入海中。
- ●美國西海岸會有強烈的地震。
- ●美國東部北卡來納、南卡來納、卡來納及喬治亞的南半部會消失。
- ●艾利湖、休隆湖的水會注入墨西哥灣，五大湖的水會乾涸。
- ●北大西洋海岸會有變動發生，紐約會被破壞殆盡。
- ●北極與南極會有大陸隆起。

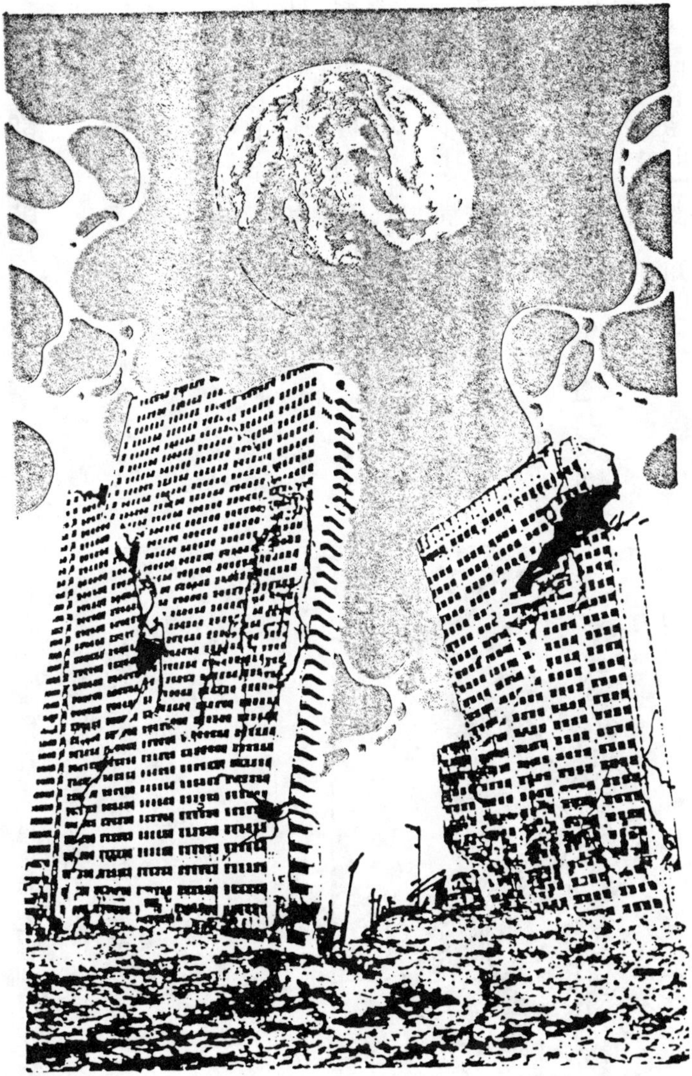

艾得卡·凱西的預言

洛杉磯的大火發生時，加州的一名女性曾做了一個這樣的夢。

「後院有很多蛇。毒蛇的特徵爲頭是扁平的，顏色是黃色與黑色混合色，相當醒目。這個地區的鹿及狸把蛇趕走及火災鈴響的事件發生，我都不了解這個夢的意思。火災之後，在踩了蛇的幼子之後才讓我想出來。其實夢都是有緣由的。像住在我家附近的人就沒有我那麼幸運，住在我家山腳下的小孩就被毒蛇咬成重傷，附近的狗也被咬了，好朋友的女兒在遊玩時被毒蛇咬死了。」

這個有名的『夢預知的秘密』是艾得卡·凱西的預言。凱西將自己催眠，在無意識中掌握各種訊息，並把它利用在疾病等的治療上，效果非常好。

凱西一直到死，救了許多人的命，這些記錄至今仍然保存著。

凱西預言會再發現大西洋大陸

一九六八年八月，某運輸公司的小型貨機飛行員航行於佛羅里達海上。

此時，他發現海底好像有一個長方形的建築物。後來，邁阿密的「海洋考古學研究會」的成員及邁阿密科學博物館的巴倫坦博士在進行調查後，發現巴哈馬諸島的海底的確有巨石物沈沒。

凱西曾在一九三二年做了以下的預言：

「大西洋大陸的位置一邊臨墨西哥灣，一方面靠地中海。這個消失的文明的證據被發現於美國。在某個時期一定有幾塊突出的部份是屬於這片廣大的大陸。西印度諸島或巴哈馬諸島也是現在可以看到的部份。

若其中的某些部份深入再調查，一定可以更加明瞭，像在墨西哥漂流中做海底調查的話，也許就可以找到大西洋大陸存在的證言。」

如凱西的預言般，超古代文明的遺跡真的呈現在我們的眼前。

何謂好的預言和壞的預言

艾得卡·凱西預言「第二次世界大戰之前，日本列島會沈没」。當然，他的預言没有實現。很多人對預言有没有實現所持的看法也不一。

人稱艾得卡·凱西第二的波魯·梭羅蒙，與凱西一樣具有在催眠狀態中掌握情報的能力。

梭羅蒙說：

「凱西預言日本會沈没但卻没有沈没，很多人都批評他是故弄玄虛。其實是他預知危險的聲音化爲祈禱傳給神明，日本才没有沈没。」

梭羅蒙在日本的演講會上又說：

「以前有一個叫做優那的預言家，他預言尼那貝大城市會有大地震發生，但結果什麼也没發生。於是梭羅蒙問神明說『我是一個好的預言家，還是一個壞的預言家？』。」

神明回答他說：「預言會有壞的事發生，真的發生的話就是一個壞的預言家，没有發生才是一個好的預言家。」

會有預言是因爲每個人心中有神明，並希望能避開危險，預言没有發生的話當然最好。

預言共同渡過危機。

迪克森夫人預言的「山丘殺戮之戰」

「聖經」上所言的山丘殺戮之戰，聽說是人類最後的戰爭。

珍·迪克森夫人預言在一九九九年會有一場導致人類滅亡的世界戰爭。

她預言第三次世界大戰的前兆是大彗星降落到大西洋，全世界海岸地域的都市會遇到大洪水，由於這場大災害，氣象及地形將發生很大的變化。

這預言與艾得卡·凱西的預言有不謀而合之處。

夫人也曾預言過暗殺甘迺迪總統的凶手英文字母是ＯＳ開始、Ｄ結束，果然凶手的名字是這樣沒錯。其實人類應該藉著

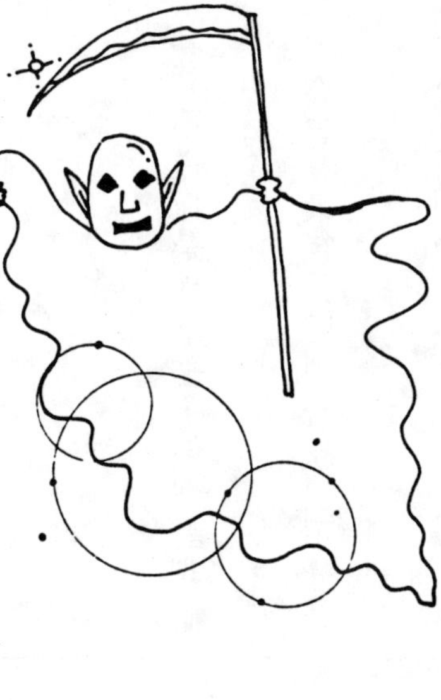

頭向下低到大腿可活動腦力

有人說胃下垂的人可以做倒立的動作，其實不僅僅是胃下垂，倒立對我們的腦力健康也很好。

人的血液是由心臟透過動脈送出，血液流入全身最後又回到心臟，不管是躺著還是站著，血液都是這樣子流動。

也就是站著的時候，腳的靜脈血液也是向心臟流動的。

但這種循環會對身體造成相當大的負擔，倒立可以使血液流動暢通，對內臟的蠕動也比較好。

此外，想活動腦力也可以把頭放在大腿間。去參觀面向日本海的天之橋時，大家都必需做這個動作，因為這樣才能夠看到很棒的景緻。

頭一往下放，異於平常的刺激會送往腦部，這樣會使腦部動起來，所以日常生活中不妨多做這個動作，相信對強化腦部會有很大的幫助。

看到不可思議的前世

超能力當中有一種是在催眠中，看到某人的「前世」的後知能力。

艾得卡·凱西便有這種能力，他做了二千多次的「前世占卜」。

比方前世是南北戰爭時南軍的士兵，他到州立圖書館去查記錄，果然真的有這個人。

另外，也有記得自己前世是什麼的例子。

印度有一個叫做湘琴·戴比的少女，居然記得自己前世丈夫的姓名，夫家的地址及家中的樣子。她還說她是因爲十二年前生第二個小孩才死的。

向她前世的丈夫詢問（當時他還活著）才知她說得一點也沒錯，提到他妻子的事時，他彷如看到十二年前的妻子，激動得落下淚來。

為何小孩腦中會有前世的記憶

人類是否存有對前世的記憶，這是與陰界溝通的問題，也是一種傳說。

維吉尼亞大學的伊安·史帝文生博士領導的小組在印度進行一項研究，他們找到二十個記得自己前世的人，其中記得自己前世的人幾乎都是小孩。

剛出生的小孩其實多半記得自己的前世，但他們出生時就直接或間接地被教導「自己是全新的、是重新被創造的」，所以他們逐漸地失去了對前世的記憶，有些人則還存有對前世的記憶。

因此，其實很多小孩子都有被喚醒前世記憶的機會，但受到周圍大人的影響及來自外界的刺激，他們也逐漸地失去這種能力。

直覺是可以訓練的

思考心理學家漆澤健建議大家不要用機械或工具，用自己的感覺猜猜距離及重量。

比方可以目測牆壁的畫到音響的距離是多少？可能這中間會有十公分左右的差距，若是目測校園的寬度，差距則可能會更大。

物品的重量也是一樣的。鋼筆、原子筆、書、杯子等，平常我們不太注意的東西，要我們猜出正確的重量其實很困難。

但漆澤先生認為不斷地目測距離及猜猜物品的重量，對右腦很有幫助。

時間也是一樣的，猜時間對右腦也很有幫助。

一開始先在心中讀秒一分鐘左右，再來二分、三分。習慣以後可持續至十分鐘。外出的時候猜猜看過了幾分鐘，然後再確認自己心中所想的時間及實際經過的時間。重複做久了後，沒有時鐘自己也可以計算時間了。

布來迪・馬非追蹤

有一個『The Search for Bridey Murphy』的故事。

美國有一個叫做巴斯汀的企業家，對露絲·西蒙茲夫人做年齡溯行的實驗時，她說出了前世的記憶。

所謂年齡溯行就是在催眠中讓人回到「三歲」、「二歲」、「一歲」的追溯當中，並讓他說出自己的前世。

她對前世的記憶有她在十九世紀初，好像是住在愛爾蘭一個叫做布魯克林的城市。

這本書的作者巴恩斯汀及紐約時報的記者們去實地做調查，證實了她說的話沒錯。

比方她舉例她去買東西的店名，真的有那家店，且當時並沒有任何一家同樣名稱的店。

況且，她所描述當時結婚典禮的風俗，經過愛爾蘭民俗學會的確認，也正確無誤。

似會相識之謎

所謂的後知，簡單來說就是肉體死後並沒有忘記某些記憶，而在轉生的時候繼續持續。這在平常不會顯現出來，而與現實的記憶有些關連。

用超心理學來說就是「似曾相識」。讀者當中一定有人有過這樣的經驗：「初次走過的地方，卻覺得自己以前曾經來過這裡」。

午後柔和的光線、微風吹動著樹葉，帶著小狗的老婆婆在公園散步，好像這幅景象經常在某處看到。

這就是本人完全沒有意識到的後知能力。

訓練直覺力

人的頭腦無法像慢跑或鍛鍊肌肉般可以做訓練，所以只好用別的方法訓練。

首先，左右手的手掌合起來，來回摩擦五十次左右。接下來，兩手交叉胸前，用力左右來回四十至五十次。

四支手指握住大拇指來回摩擦三十次，然後用右手包住左手的無名指、中指、小指、食指二十次反覆「握、放」，然後再換手。

在做需使用大腦的工作時，用力握住指頭之後放掉，如此重複幾次。接著大拇指向外側握二十次，即使只做這個動作效果也會很好。

之後，從大拇指依序折折看，首先先左右對稱，再從左右的大拇指握握看，再來是大拇指與小指，食指與無名指，每次換不同的組合，這樣就可以刺激大腦。只動大拇指也對刺激大腦有幫助，一旦刺激了大腦，直覺也會跟著敏銳起來。

似曾相識或許就是轉世

轉世或似曾相識其實就是以前曾到過某個地方，而以前指的應該就是前世。

在這裡我們要來介紹美國中西部布拉隆夫婦他們的經驗。布拉隆夫婦一下船，他丈夫就說：「以前我不曾來美國，但一上陸地，就有一種很奇怪的感覺」。接著又說「一轉過那個轉角會有阿富汗教堂」、「第二條街就是多索魯街」。他的妻子看著他說：「真是奇怪的人，莫非你以前曾經來過。」

布拉隆夫婦接著問一名警察說：「種有巴泥楊大樹的房子是不是就在前面？」警察回答說：「沒錯！那裡的確有座房子，但九十年前大樹就被砍了。我父親以前在那裡做管家，那家人叫做邦，當然以前房子前面有種巴泥楊樹。」

聽警察這麼一說，布拉隆夫婦想起他們的小孩，名字就叫邦·布拉隆。

勝五郎的轉世

其實日本也有這種轉世的記錄，這個例子是武州多摩郡的農民源的兒子勝五郎。

這個小孩八歲時說：

「我的前世，一直到六歲，是程窪村半四郎的兒子，叫做勝藏。」

聽到這些話，他的父母親嚇了一跳，他的祖母便帶他去找程窪村的半四郎。

到了那附近，勝五郎對從來没去過的程窪村似乎很懷念的樣子，且立刻指出半四郎家的位置。接著說到勝藏六歲以前的事，每一件都正確。

一到那邊，屋子的主人果然如勝五郎說的叫半四郎，妻子則叫做靜子。半四郎夫婦一看到勝五郎，由於太像他們死去的小孩勝藏，於是傷心地哭了起來。

這件事一直流傳，直到幕末的思想家平田篤胤聽到這件事，才把它整理成『勝五郎轉世記』。

勝五郎六歲時因疱瘡死掉，屍體被裝入桶子時，靈魂已脫離屍體。後來有一個奇怪的老人把他帶到美麗的田園去生活，他才轉世到源藏家。

勝五郎以爲這中間只經過很短暫的時間，其實早已過了六年。篤胤認爲那個老人就是主宰生死的神明。

斯里蘭卡的轉世少年

有一個轉世很有名的例子，他就是斯里蘭卡的威蘭佳少年，這個少年三歲的時候說出了自己的前世。剛開始，父母認爲他是亂說的，但他說得實在太逼真了，所以四年後，他父母帶他去找研究輪迴轉生很有名的比內大師。

威蘭佳說：「我父親是個工藝師父，我十歲時便死了。我有母親及二個哥哥，我是被眼鏡蛇咬死的。」

比內大師去查以前的事，在別的村莊果然有一個叫做吉那·波地那的少年是被眼鏡蛇咬死的。比內認爲威蘭佳一定是吉那轉世投胎的，所以把波地那一家人叫了來。當他們看到威蘭佳時都呆了，而威蘭佳也記得他們。

之後，威蘭佳第一次去波地那家玩時，馬上抱起一隻陶器的玩具貓，據說這隻玩具貓是吉那最喜歡的。

第3章❖意志力一定可以產生

意志力使青蛙的心臟停止跳動

所謂意志力的作用，是運用意志力引起的物理現象。古代忍術有一種叫做「合氣遠術」的，最近則流行把湯匙弄彎的技術。

意志力包含了能源與情報二個要素，可由以下的例子得到驗證。

蘇俄有一個女子叫做尼內魯·克拉姫那，她以前就知道自己有不可思議的能力。她可以看到別人口袋裝的是什麼東西，或是看到一個病人就知道他是哪裡不舒服。

她最厲害的是讓青蛙的心臟停止。一般把青蛙的心臟拿出來，它還是會繼續跳幾個小時。把青蛙的心臟取出放在廣口瓶中並用心電圖測定，她可以用意志力使青蛙的心臟停止。

她晚上十點二十八分開始集中意志力，要心臟在十點五十一分停止跳動，心電圖的顯示，果然十點五十一分心臟就停止跳動了。

她這種能力也被用在醫學治療上。

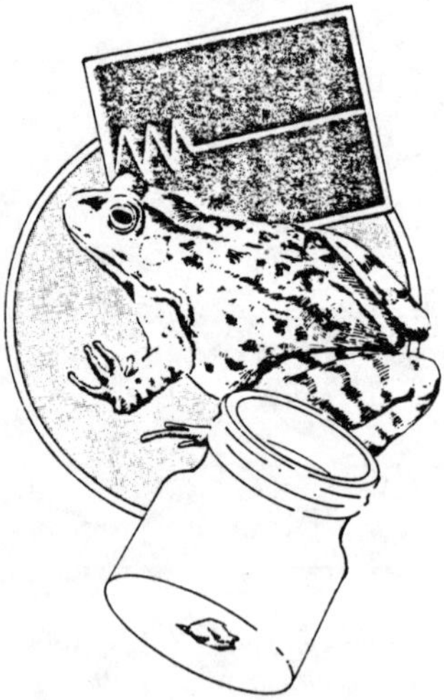

意志力的種類

意志力可以分爲下面幾類：

①用意志力使東西發生變化

不加任何外力，使生物及物質發生變化。

②用意志力把看到的化爲照片

把自己感受到，用精神的力量寫到照片上。

③意志力移動物體

瞬間移動物體或人。

④abo loo

不觸碰到手，而使物體自本身脱離。

⑤空中漂浮

物體或生物漂浮到空中。

⑥Dunging

用占卜棒或鐘擺找到東西。

意志力可區分爲這幾類。具有意志力的人可能會同時擁有很多種。

尤其是歷史上有名的人物或是宗教家，多半具有以上所有的能力，且功力多半愈來愈强。

奇蹟由無產生

基督教、釋迦、日本的空海、日蓮等，他們有的引起暴風雨，或是使大海平靜，或是使物體消滅，他們做這些事都不是爲了他們本身，而是爲了整個民族或整個人類。

很有趣的一點是，每一個具有超能力的人，他們若是只爲了自己，他們的能力便無法發揮出來。

看看超能力的人他們在做實驗時，若他們口中只唸著「拜託！一定要成功」，那他們的實驗絕不會成功。

當然，若他們只是想表現自己的能力給別人看，他們也一定不會成功。

所以，心中無雜念及腦中處在「空」的狀態是非常重要的。

千萬不要忘記：心必須是在透明的狀態，並忘記本身的利益。

彎曲的湯匙的研究

把湯匙彎曲，當時曾引起騷動，不過，相對的也有很多疑問點，於是人們便開始進行研究。

電氣通信大學的佐佐木茂美教授，從被彎曲的金屬來研究意志力的有無。

用超能力彎曲的湯匙及用鉗子彎曲的湯匙，在電子顯微鏡照出的照片中可以找到答案。

用鉗子折彎的湯匙，彎曲的地方很單純，用超能力折彎的湯匙，彎曲的地方則很複雜。也就是說它們彎曲後的形狀完全不一樣。

用超能力折彎的湯匙不是用一般鉗子折彎的湯匙所能比擬的，所以由此證明用意志力折彎湯匙並不是不可能的。

測定意志力度（是打○　不是打×　不知道打？）

①喜歡深吸吸。
②可以如雞蛋站立。
③手不知不覺會癢癢的。
④對靜電很容易感電。
⑤心裡想的和出現的一樣。

①②③④⑤
○＝2分
×＝0分
？＝1分

⑥不太了解自己身體的狀況。
⑦無法看一個地方超過三十秒以上。
⑧無法控制自己的性慾。
⑨常更換電視頻道。
⑩不喜歡露出肌肉或大腿。

⑥⑦⑧⑨⑩
○＝0分
×＝2分
？＝1分

0～5分　幾乎沒有意志力的能力，因為你不相信。
6～10分　你似乎沒有注意到自己的潛力，開發看看如何？
11～15分　相信自己似乎有那種能力。
16～20分　很有意志能力，連自己都覺得很訝異。

如何彎曲湯匙

弄彎湯匙而全國皆知的清田益章，他的超能力透過電視、雜誌得到大家的認同。

在此，清田先生也公開了他折彎湯匙的秘密。

①相信湯匙一定會弄彎

不可想自己大概無法弄彎湯匙，要百分之百相信自己一定可以把它弄彎。

②放鬆身體

不可緊張，儘量保持輕鬆的姿勢。

③調整自己的呼吸

用意識集中自己的呼吸。輕輕閉上眼睛，慢慢呼吸。

④想著一個白點

閉上眼睛、慢慢呼吸，並想想腦中會有一個白點。相信這個白點會把湯匙弄彎，接著把這個白點靜靜地由頭往喉嚨、兩手臂移動。

⑤集中精神

最重要的是要相信一定可以把湯匙弄彎，只要心中相信可以弄彎湯匙，就一定可以達成。

假若你存有「可能無法弄彎湯匙」的想法，最後也多半不會成功的。

集合大家的力量來弄彎湯匙

爲了弄彎湯匙曾舉辦了一個聚會，找來一些人大家一起發揮意志力，弄彎湯匙的機會也大增。

以下就來說明一下這個方法。

①人數最好是十五人以上。

②準備一個可以綁五元硬幣或五〇元硬幣的秤錘，把要弄彎的湯匙或叉子靠在秤錘上，並問自己「可以把它弄彎嗎」，秤錘如前後搖擺表示可以，接著就可以進行下一個步驟。

③放著秤錘，拿著湯匙或叉子，讓身體放輕鬆。

④接著在腦中想像一個小光點。

⑤小光點漸漸變大（不可太大）。

⑥光點變到像高爾夫球般大時，等領導人的指示把光球由頭往脖子、肩膀、手臂、手指頭移動，最後移動到心以後，再從手指頭移到金屬上。

⑦那一瞬間由領導者的指示，大家一起大喊「把它弄彎！把它弄彎」。

⑧之後，張開眼睛，輕鬆等待手邊的湯匙或叉子彎曲。

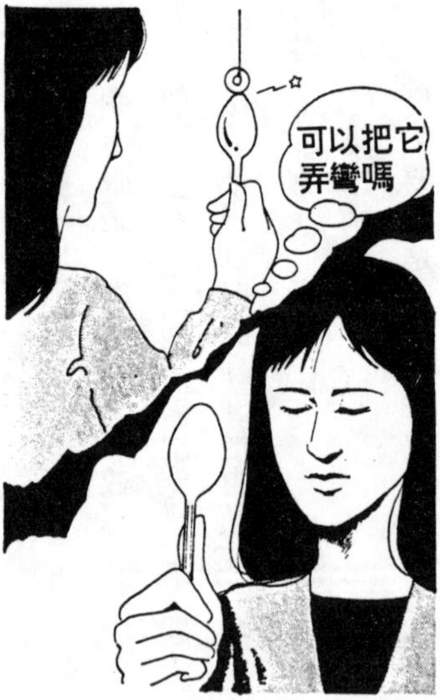

超能力容易發生的日子及不容易發生的日子

女人的生理受月亮的支配，有些人其實也是受月亮的支配。

大家常說的人體節律，本來是由威因大學的心理學教授史渥波大博士的研究中，確立出來的發熱及心臟發作的周期性之出發點。

人體節律就是身體節律的二十三日周期、感情節是二十八周期、知性節律是三十三周期，這種周期是從出生以後就有的。

不過，有人的周期也是非常散亂的，有的人在必須注意的日子後才發生事故。

雷尼古拉德市的交通局規定必需依醫師指定，要注意的日子最好待在家中不要外出。另外，日本企業也同樣用人體節律來做人事管理。

超能力也是如此，有的人晴天比雨天容易發揮出自己的力量。

有的人在下雨前的日子「氣」才會動，所以不管是預知力、透視力或是意志力也是必須看日子的。

使超能力發揮出來的安慰劑

大家大概都知道安慰劑的效果。像乳糖、蒸餾水、生理食鹽水等物質，讓患者以爲它們效果很好而服用，往往也具有治療效果。

在歐美這種研究相當盛行，其中一個很有名的研究是美國的布魯諾·克若發博士所做的實驗。他把新藥給一個患有嚴重潰瘍的飛行員服用後，他的病好了。

後來又說那種藥的效果值得懷疑，他的潰瘍就又發作了。

安慰劑大家最熟知的莫過於嗎啡了。把它拿給患者服用，另外一部份患者則給予代用藥服用。真正服用了嗎啡而止痛的有百分之五二，服用代用藥止痛的僅有百分之四十。

對患有胃腸病人的人，安慰劑的效果更大。

超能力也是一樣的，覺得不行的人便無法擁有超能力，覺得一定可以的人超能力也會跟著出現。

如何開發潛在能力，已經有各式各樣的研究出現，同時得到證實，我想超能力也是一樣的。

用意志力擾亂電視影像

面向電視同時一直凝視著畫面，可以使畫面產生跳動的現象。

形成電視影像的是電子，用意志力影響電子，可以改變映像管電子流動的方向。

此外，因爲電子相當輕，也比較容易做得到。

有人一進到屋子就使電視的影像變得混亂，這是因爲他的意志力很强。

蝙蝠運用自己的雷達在夜間飛行，至今仍無法解開這個謎。

後來知道了它的理由之後，便不再是謎了。

人的潛在能力，今後也會漸漸地明朗化。

按摩可刺激大腦

用冷水按摩可使腦部活化。忽然用冷水按摩可能會吃不消，可從夏天開始做，先把毛巾沾水擰乾後擦身體，相信這不會太難。

不只是冷水按摩、刺激皮膚對腦部活化也很有幫助，刺激人類肌肉一種叫做筋紡錘的知覺神經，它會傳送到大腦。

可用乾布按摩或刷子按摩，但用刷子或毛巾按摩時，可先從手的地方開始，再慢慢往心臟的方向擦去，由外而內比較不會一下子刺激太大。

除了按摩以外，日常生活中最好也儘量讓皮膚接觸空氣。穿少一點或是打赤腳比較容易掌握到超感覺，心靈感應也比較容易感受到。

飛起來的麵包

透過物質讓物體移動的物理現象，叫做意志移動物體。

英國的賈克·威巴於一九三八年的實驗中成功攝下了意志力移動物體的鏡頭。

在實驗中，他說要貫穿牆壁及門，讓東西移動，且要讓隔壁房間高五公分，重六十公斤的置物架飛起來。

還有一個更有趣的是維吉尼亞大學超心理學研究室伊安·史汀斯的報告。這件事發生於一九六七年的印度，一個和尚看到一個會使食物瞬間移動的女子的表演。

和尚要這名女子把離他們約三十公尺正在烤的麵包拿過來。於是這名女子便開始唸咒文，沒多久二塊麵包就掉在她的腳邊。

她連續做了二次，這中間必須通過窗户、門等很多的障礙物。

所以，麵包必是透過物體而來到和尚的房子裡，這是意志力移動物體相當寶貴的一個例子。

人類發明了意志力機器

意志力感覺好像只有超能力的人才會有，其實有人發明了普通人也可以使用的意志力機器。

發明這個機器的是捷克一個叫做羅貝魯多·巴布利達的企業家，他把超能力能源儲存起來就像電池般，然後再放射出來。

一直凝視著機器的充電部份，把產生的能源傳送到機器並儲存起來，就好像電的充電一樣。

把這個儲滿能源的機器，向巴布利達女兒的頭發射過去，她感覺一陣暈眩。

巴布利達用這個超能力能源做了幾次轉動小馬達的實驗，若這個性能可用到更大規模的裝置上，可能會是很恐怖的兵器。

相信「好運」可提升自己的能力

第二次世界大戰時，英國的一個連隊發生了一件不可思議的事。當時威德烈大佐率領的一個連隊在長達五年的戰鬥中，竟然沒有一個人死亡。連隊的將校、下士官，一直到士兵，每個人都背誦聖經中『詩篇』第九一章，並做禱告。

由於這個連隊的人經常背誦第九一章的話語，所以他們相信神都在暗中保佑他們。

當人相信一件事，且不斷出現在潛意識中時，往往會變成一股力量，並帶來不可思議的奇蹟。

「德三多」是日本休閒服數一數二的大公司，那家公司的董事長石本他家男便有自己的哲學。當記者問到他如何將公司經營得這麼好時，他回答說：「我是運氣好」、「是我身旁的好人教導我的」。「運氣好」、「託人的福」等這些話使他變得積極，並化為使他向上的力量。

由利・歌拉用超能力使種子發芽成功

由利・歌拉常在電視表演意志力的實驗，讓世人讚嘆不已。他表演過弄彎湯匙，讓時鐘的指針快速運動，使水中的金屬圈變形等等。

其間，來日本時他曾做了一個很有趣的表演，在電視上成功地表演了使植物的種子發出芽來。

由利・歌拉選了東京日比谷花圃特別爲他準備的家庭菜園用種子，並由專家把袋子的封口封住。接著，把選出的五顆種子放在左手上，然後集中自己的精神。過了幾秒鐘後，其中一、二顆種子竟長出芽來，當場二百名觀衆驚訝得直鼓掌叫好。

世界的超能力者由利・歌拉

同時，被他摸過的種子，十多顆也都同樣地發出芽來。

東京農大、進化生物學研究所的湯淺浩史博士說：植物的種子要發芽的話，溫度及水分是絕對不可欠缺的，特別是水分，不管任何種子發芽一定需要它。

但由利卻沒用一滴水便讓芽發了出來，這又做何解釋呢？（取材自矢追純一的『戰慄的美蘇超能力戰爭』）

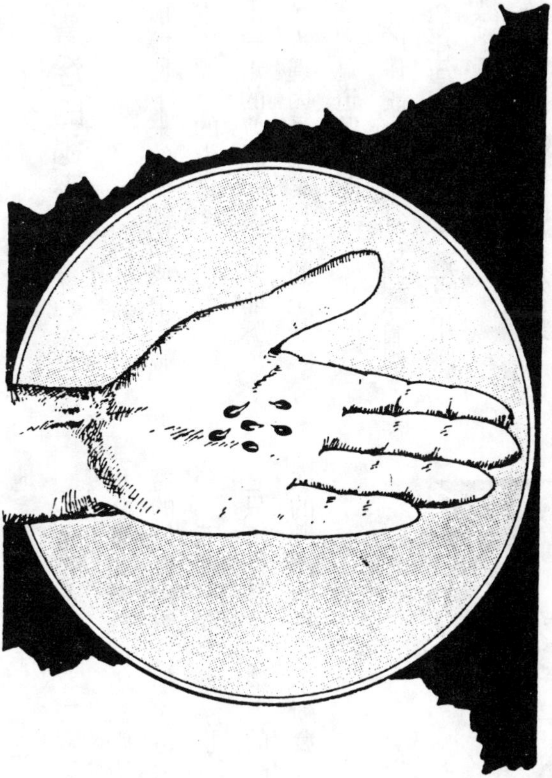

瑜伽空中漂浮的秘密

二千年前傳留下來的瑜伽經典中記載了在空中及水中漂浮的力量。

這種在水中走的傳說，佛陀及耶穌也都曾提到過，不過因爲沒有具體的記載，大家還是把它視爲道聽塗說。

空中漂浮的傳說，據說有一個練瑜伽的人，把腳盤住便跳了起來，這是用跳的，與空中漂浮又不一樣。

在東京教瑜伽的成瀨雅春則是從地上漂浮了約四十公分左右。

成瀨先生從五歲便拒吃肉食，十二歲時由於想達成「即身成佛」的願望，所以便開始練瑜伽。他努力修行的結果，成功地完成空中漂浮。

成瀨先生說：二、三天前就要開始準備，並用特殊的方法呼吸。下意識地讓肉體的能源由陰轉陽、再由陽轉陰。

不過，空中漂浮並不是最後的目的，它只不過是修行線上的一個目標點。從每次的漂浮中再去不斷發現新事物。

修佰留魯的鐘擺

對超能力而言，集中力是其中非常重要的一項。愈集中能力愈容易發揮超能力。

所以，必須訓練集中力。一八五〇年巴黎自然歷史博物館的館長，想出了修佰留魯的鐘擺。

修佰留魯館長認為「心裡所想的事可以用來影響身體」，他並用鐘擺得到了證明。

首先先準備鐘擺，可用線和秤錘來做。線的長度約三十公分左右，接著準備一個指示盤。在一張厚紙上畫一個直徑五公分的圓，並在圓中畫一個十字，把這個指示盤放在桌上，用秤錘開始來做。以下是這整個動作的次序：

①坐在椅子上、閉上眼睛，由肩膀放鬆力量。

②靜靜地用肚子呼吸。

③張開眼睛，用食指及大拇指拿起秤錘的線。
④把手肘放在桌上，讓五塊錢移動到圓的中心。
⑤將秤錘停住，並專心凝視。
⑥心中默唸「圓圓地擺動」。
⑦秤錘一開始動，便在心中重複唸「再搖大一點」。
⑧等它搖大一點後，繼續在心中默唸「前後搖擺」、「前後搖擺」。此時秤錘會改變方向變成前後搖擺。
⑨左右、前後、右邊、左邊不斷擺動。

這個訓練即使集中意識，身體也不會緊張，在不斷重複之中，集中力就產生了。於是心裡所想的，在無意識時便傳給了肉體。

此外，也可使用節拍器。一分鐘六十次左右「一、二、三」邊數邊聽。過了五分鐘就會從雜念中解放出來，同時只聽到節拍器的聲音，且身體的節奏會與節拍器合而為一，在不知不覺中集中力也提高了。

用意志力找出問題的答案

大阪大學的政木老師曾做過以下的實驗。先準備圖畫紙及蠟筆，再叫一個四年級的大腦一真拿著它快速跑，並把它丟向天空。用意志力的能量在圖畫紙上寫下了一些東西。

政木老師把大腦小朋友不可能解開的方程式寫在圖畫紙上。

$X^2-6X+9=0$

$X^2-12X+36=0$

大腦小朋友在拼命跑的同時，一邊心中暗念「寫出解答」，最後把它拋向空中。

結果圖畫紙上出現了3和6這二個數字，超情報系的作用與情報能力兩方的持合，使解答完全符合問題。

十萬分之一秒的意志力

一九七六年京都大學文化祭時，政木老師又做了同樣的實驗，不過這次有報社來採訪，NET電視後來也有轉播。

大腦小朋友拿著圖畫紙及蠟筆快速向前跑，心中並默唸「變成6吧！」。

圖畫紙上果然出現了「6」。

政木老師的想法是：不是蠟筆動寫出來的數字，而是蠟筆的前端化成細微粉末飛出，然後像靜電般形成了文字的樣子，我的看法也和政木老師一樣。以下就引用政木老師說的話。

「文字的發生是在十萬分之一秒以下的刹那間，當大腦小朋友把紙拋出右手用力的那一瞬間，文字就發生了。

文字寫到什麼程度完全記錄在大腦小朋友的腦中，且一次都没有錯誤過。」

還有一個實驗是只畫鬱金香的花，然後拿一枝綠色的蠟筆，並在心中默唸「繼續畫」的同時把紙拋出，果然最後連莖都畫出來了。

這一定是自己的意識使蠟筆的細微粉末發射到紙的某一個位置。

用意志力照相

用意志力照相（Nen graphy or Thought grapht），就是在照片的乾板上使力，使之產生感光之景象，發現這種現象的是日本。

爲了研究催眠心理學，在對長尾郁子法官夫人做透視能力的實驗時，東京帝國大學助教福來友吉博士在明治四三年偶然發現了這個現象。

博士爲了完成長尾夫人是否可以做原板文字的透視實驗，照了二張「哉天兆」的文字，一張給夫人另一張則自己保管。

夫人成功地透視文字，之後把二張乾板顯像看看時，博士發現給夫人的那張好像有感光，於是他又拜託夫人做了另外一個實驗。夫人用意志力想將「心」這個字感光，果然「心」這個字就出現了。

後來●■✚的記號，「天照」、「神」等文字也都成功地感光出來了。

意志力照片中出現的弘法大師

有一個很有名的實驗，三田光一用意志力成功地把弘法大師感光在照片上。這是福來博士策畫的，當然約有四百名觀衆集聚在嵯峨公會堂。

把觀衆檢查過後的一打乾板，希望在第六張出現弘法大師。「大覺寺般若心經殿」，博士用意志力念寫，並預測實驗結果大師的姿像。

實驗進行了十五分鐘，乾板一張一張的觀察，問題是第六張乾板什麼也沒有出現，不知爲何第七張反而有感光的現象。

大家以爲實驗失敗了，於是觀衆中有一個擅長沖洗照片的人，建議把乾板再處理一次。

處理後的乾板果然出現了弘法大師，觀衆驚訝得目瞪口呆，連手都忘了拍。

用意志力照片看到月亮的背面

一九三三年在岐阜市公會堂由岐阜報社主辦了一場福來博士意志力照片的實驗。這次實驗是要在一打乾板的第六張，顯現出「月亮的背面」。

博士的實驗雖然有很多成功的例子，但還是有很多人不相信，他們認爲根本一派胡言，所以他想出要顯像一個大家都沒有看過的東西，那就是「月亮的背面」。

三田光一成功地完成這個實驗，而岐阜警察長當時也到場參觀。

蘇俄發表月亮的照片是在一九六〇年。且當時的照片是從橫的看過來的，這張卻比當年蘇俄的照片早了二八年。

這張照片曾被送到蘇俄做比較研究的資料，但都沒有回音，又因爲美國NASA也沒有公開月亮背面的照片，所以這張照片的真假受到很大的質疑。

不過，前工業技術院長後藤以紀博士說：NASA發表的星座圖表與電腦比對，至少有十八個以上星座的位置是一樣的。

尋找意志力照片的系統

福來博士說明意志力照片有關機械原理的部份還不清楚，不過，應是感光膜上產生了化學感應。同時意志力透過了鉛膜並深入內部作用在光粒子上。

心靈照片的傳說自古以來就有二個對立的說法，但不一定哪個說法才正確。幽靈說認爲幽靈存在於照片的焦點，光線感光到相片中的底片。不過，意志力照片沒有鏡頭也是可以的，且沒有證據證明照相機前面有幽靈。

精神說則是認爲觀念脫出自我，把構成自我的物質化成一個姿態，再感光到底片上。心靈照片也是一種意志力照片，意志力使影像出現。

其實真的影像出現，而且出現在照片是因爲意志力使照片的底片與人的視覺系統合而爲一，出現在我們眼前的幽靈並不存在。所以在照心靈照片時，靈媒是必需的，而相機就不用了。

没按快門影像就出現了

之後有很多科學家繼續研究意志力照片，福來博士承受了世人許多的誤解與批評，甚至被大學解聘，不過到今天爲止已經很有成果了。

比方，意志力照片協會的宮內力把相機的鏡頭取下，成功地照下了照片。之後在没有鏡頭的相機中裝入光二極管，二極管上產生電壓，光便發生了。電通大學的佐佐木教授發現在裡面放入很多的光二極管會有很多的光產生。

清田益章（世人承認的超能力保持者），在小學六年級時做意志力照片的實驗，一開始他按下快門，後來没按快門也能把照片照下來了。

宮內力另外有一個實驗，是具有超能力的少年，他本來要用意志力照出滑雪的畫，但一直都没成功，最後他只好嚐試另一幅畫是一個棒球選手單腳打球的畫面。宮內先生實際了解後，才知道少年家的牆壁原來滑雪畫的旁邊，貼的是一幅棒球選手在打球的畫面。

愈研究這些例子，會發現愈多的成果，相信今後的發展會更好。

SKIING

向意志力照片挑戰

意志力照片可分爲二種：Ⓐ把肉眼看到的東西記在腦中，然後用意志力感光到底片上，這叫做「念力念寫」。Ⓑ透視某個箱中的東西，然後用意志力感光到底片中，這叫做「透視念寫」。

這二種當中較簡單的是「念力念寫」，以下就來看看這種方法。

①凝視念寫物幾分鐘，伸一伸腰再度集中精神看。然後閉上眼睛並確定物體的殘像是否已記在腦中。重複幾次後殘像會愈來愈清楚。

殘像變清楚後，在波拉一步攝影機中裝入底片，並用膠布把鏡頭貼住，兩手握住相機，讓殘相放射出來的同時按下快門，用平常的相機也可以做到。

②也有的方法是直接使用放在底片盒中的底片。把盒子打開，將殘像放射到第一張底片上，接著第二張、第三張。結束後再把底片裝到相機中，再把鏡頭用膠布貼上，最後再按下快門。

最後到底感光到什麼東西是很有意思的，當然，使用一般的相機也可以，但必需全部把它印出來。（取自學研『能力最前線』）

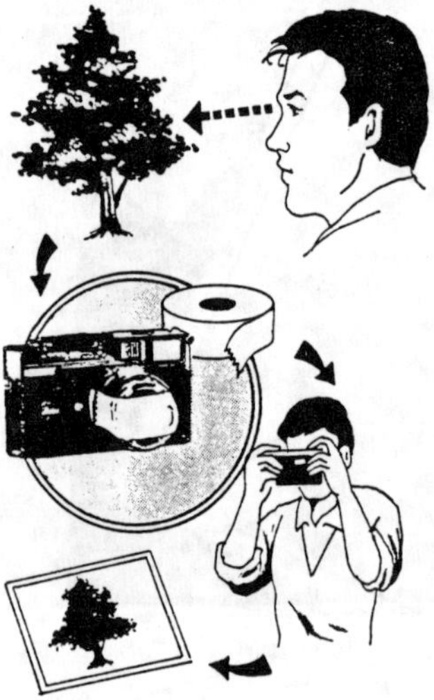

把夢用意志力照片記錄下來

捷克首都普拉哈有一名男子，可以把自己做的夢收錄到錄影帶中。

這個人叫他科雷明多‧班尼斯，六十二歲，他練意志力照片的能力已經很多年了。他說：

「我想到用意志力將影像錄在錄影帶中，但速度實在太快了。

不過，後來發現自己在睡覺時可潛意識地將想的事記錄到錄影帶上。」

科雷明多把拍下來的錄影帶拿給一名專家看，那位專家做了以下的說明：

「出現的影像很模糊，且非常地幻想，這似乎已超出了超能力的界限，而他做到了。」

科雷明多更專注於控制自己的潛意識。

他說：「若繼續這項實驗，我一定可以照出更高品質的影像，有一天我要把在夢中照到的影像集合成冊。」

科雷明多祈望以後的研究會更成功。

護身符還是很有效的

系川英夫博士認同護身符的效果。比方在大考之前多半無法控制自己的情緒，於是人們會想到要去求神，這樣覺得心裡會比較安心。

神明有過人的智慧，也有人看不到的力量。所以「護身符」會給很多人帶來安心，心想「有了這個護身符也許事情會比較順利」，於是力量就可以發揮出來。

情人送的禮物把它當作護身符的話效果也會很好，而且抱著不信的心情，還不如抱著姑且一試的心態看看。

「相信」可以使生理活動較旺盛，也可使大腦的活動力愈活潑。

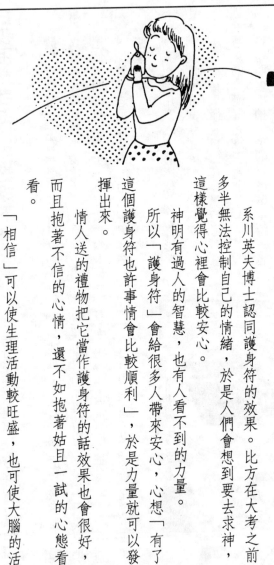

第4章 ❖ 驚人的透視力

為什麽看得到別人看不見的東西

若有人看得到對側牆壁的東西或箱子裡面的東西，那表示他擁有透視能力，也就是他有常人的五官無法感覺到的知覺。

具有這種透視能力的代表性人物是艾得卡·凱西。他年輕的時候發現他在催眠狀態時具有透視能力，他將這種力量用在疾病的診查及治療上，救了幾千名的患者。

比方他躺在長椅上，只問患者的名字與地址便把一名五十七歲男子的病治好了。有一點很令人訝異的是，他在診療時叫的病人的名字是患者小時候的乳名，這件事是那位患者的太太後來在信中提到的。

此外，有一名少女的精神有異常，原來是智齒的病毒侵入腦神經所引起的，於是把牙齒治療好後，她的病也跟著好了！

測定透視度（是打○　不知道打？　不是打×）

①很會操作機器。
②很會畫畫。
③覺得房間的天花板好像是一塊螢光幕。
④看到X光照片會嚇一跳。
⑤感覺好像可以隔著衣服看到衣服下赤裸的身體。
⑥和人說話時覺得很愉快。
⑦喜歡在熱鬧的地方。
⑧記言語比記圖形快。
⑨在玩牌時猜不中對方的牌。
⑩無法想像信封中的文字。

0～4分　無透視力。覺得人不可能會有透視力。
5～9分　不太關心，但有點這種能力。
10～15分　一旦開發會有很好的透視力。
16～20分　具有超能力，也許考試時可以作弊。

---

①②③④⑤
○＝2分
×＝0分
？＝1分

⑥⑦⑧⑨⑩
○＝0分
×＝2分
？＝1分

用科學情報系來說明透視

透視要如何來作說明呢?其實想想科學情報系會發現它並不難，也就是超能力者的科學情報系可從非常遠的地方或非常窄的地方傳給超能力者。科學情報系每個人都有，至於能否溝通，則是超能力者與凡人不同的地方。

透視實驗並不限於遠隔地。迪克大學的來恩博士做了以下的實驗。他拿五種花色的撲克牌各五種，一共是十五張，且把它全部蓋上。

五張中猜對一張，也就是猜中二〇%的人就是ＥＳＰ能力者。

依據ＥＳＰ能力的判定，史丹佛大學研究所找出了一種測定器，放映一個幻燈片(共選十四種)，猜對就算對。

一次實驗中做二十四次，做五次就可以知道結果。

比方八~九就是有ＥＳＰ能力，十二~十三是非常有ＥＳＰ能力，十四~二十四是超能力者(滿分是二十四分)

日本有相當優秀的超能力者像御船千鶴子、長尾郁子，她們可以看到信封或是箱子中的文字，不過很可惜，當時的科學並沒有採納這種說法。

誰贏了美國大選

美國總統大選不僅美國人民關心，全世界的人也都在注意。

一九八〇年美國總統大選的候選人，民主黨是卡特，共和黨是雷根，無黨籍是安德森。

根據民意調查，卡特與雷根的競爭最爲激烈，二人不相上下。

此時進行了以下的一項實驗，這是猜測①卡特②雷根③安德森④其他人，會當選總統的預知實驗。把這些候選人的名單放入箱中，進行透視預知實驗。

進行這項實驗的是史丹佛大學的醫科學生伊莉莎白·多科，她並不知道箱子裡面放的是什麼東西。

實驗開始進行後，她透視到下列的東西：

「好像有一個白色圓錐形的東西，樣子像貝殼，還連著一條線。」

四個箱子之中她只看到有這個東西。這是在箱中放一根笛子，且這根笛子上貼有雷根的名字。當然六個禮拜後證實了雷根當選總統。

沙達特總統危險了

美國預知能力者諾林·雷尼耶最初用超能力協助調查犯罪是在一九七九年。他在婦女强暴事件中指認出來的凶犯，往往就是真的罪犯。

一九七九年～一九八一年發生了幼兒連續殺人事件，她查覺了被害者被棄屍的地方。

她說：「某一種念頭出現在腦中時，一般人往往會否定它。像一九八一年告知聯邦調查局雷根總統會被害，但聯邦調查局並不相信。諷刺的是她做這個預告時，她正在維吉尼亞的聯邦調查局訓練學校爲新進的調查官上課。」

雷根被刺殺後有人來問她，犯人是不是先告訴了她有關的暗殺計畫。

又有人問「總統還會不會再發生這樣的危險」時，她又預測「埃及的沙達特總統會發生危險」。當然，依然沒有人理會她，果然沙達特總統不久就被暗殺了。這種驚人的能力，連ＦＢＩ也不得不佩服。

從梯子上摔下來後有了超能力

超能力者彼德·夫魯克斯的透視力舉世聞名。

他最有名的是一九五〇年的英國「史克石」事件，這個事件是放在倫敦威史多民史大寺院戴冠式用王座下傳說之石失竊的事件。據說歷代的國王或女王，都會在這顆石頭上就位，也就是說這顆石頭是名譽的象徵。

夫魯克斯透視的結果是一群學生惡作劇，把石頭藏在已經損毀的教堂中。

但沒有人願意相信夫魯克斯的話，不過結果還是在夫魯克斯說的地方找到了那塊石頭。

彼德·夫魯克斯的透視能力並非與生俱來的，他是在三十二歲時發現自己有這個超能力。

有一天，他與父親在擦油漆時，忽然從梯子上摔下來，是從十公尺高的地方摔下來頭，重重地摔在地上。

意識回復後他在住院期間，發現他可以看到周圍人的未來。由於這個契機，他擁有了透視的能力。

運用超能力找到行蹤不明的人

美國紐澤西州的一名主婦多羅茜·阿里森，做到一個可怕的夢，她也因此聲名大噪。

一九六七年十二月，她告訴警察夢見了一個小男孩被夾在下水管且已斷氣。

她並且說：

「小孩子穿綠色衣服，鞋子左右穿相反。後面是灰色牆壁且寫有金字的建築物，還看到一個8的數字。」

二個月後，紐澤西州的下水管果然發現一名叫麥可·卡克西斯，五歲小孩的屍體。他身穿綠色的冬季服裝、運動鞋穿相反，屍體在一棟灰色建築物及門上有金字的工廠，第8小學被發現。

這個事件使多羅茜·阿里森與FBI及國內的警察有了合作關係。

她之後一直到一九七九年運用超能力，成功地找出了二十六個行蹤不明的人，並解決了六件殺人事件。

警察兇殺課的老練刑警對她的能力都非常佩服與信任，並認真地檢討了她的透視能力。

她說她並沒有特別訓練自己的超能力，而且這種超能力也不是那麼地特別，只不過是特技的一種而已。

皮膚可感知顏色

皮膚可以辨識顏色，這叫做「皮膚眼知覺」。

「一九六〇年蘇聯工業都市塔基魯有一名叫羅莎女性，她指導爲視覺障礙者表演的團體，二十二歲時她知道自己的皮膚可以感知顏色。

羅莎把眼睛矇上，右手第三指與第四指在色紙上移動，然後猜綠色、紅色、橘色……。她的異常能力在學界引起相當大的話題，蘇聯最高權威蘇聯科學獎便有一項是研究這種能力的。」（齋藤啓一『顏色神秘學』）

科學家認爲是不是手去感覺到色紙的表面，所以故意在色紙上置一塊玻璃，但她若無其事地便把顏色辨認出來了，此爲羅莎的「皮膚眼視覺」。

羅莎說她一天都會花幾個小時訓練自己，已經做了六年多。指尖若感覺到有粗粗的便是「紅色」，很細緻的曲線感便是「綠色」，這些觸感都由指尖取得。

有人知道羅莎的超能力後發現自己也可以擁有，其中多半是小孩子。

水晶透視的方法

所謂水晶凝視法是一種靈視，這並不表示一定是用水晶球來占卜，而是使用會發光的東西或反射面，使凝視的焦點合在一起的占卜法。

心中默唸想要問的問題，當發光物或反射面與凝視的焦點合在一起時，熟練的術者所凝視的表面會像雲起般暈暗，然後逐漸再放晴，接著就可看到與問題相關的人、事、物。這並非暗示性的東西，而是需要思考的能力。

「水晶占卜的原型是水占卜（與水脈占卜不同），在清澄的水面上使凝視的焦點合而爲一。『創世記』中有提到用銀杯來占卜，那可能用某種液體來做。也有的是用這種變形在手上把墨汁弄倒。

用於水晶占卜的東西總稱做「史貝克魯姆」（拉丁語是鏡子的意思）。

伊莉莎白王朝的魔術師喬地用磨過的煤，也有很多人用像粘板岩表面很光滑的石頭來做。

在這些東西上澆水、塗油使之有光澤。金屬製的鏡子特別好用，劍刃、磨過的盾、有光澤的骨頭也多半被拿來使用。」（『歷史讀本』一九八五年九月增刊號）

水晶等透明礦物被用來做靈視，效果很好，所以直到現在，擅於透視及靈視的占卜師仍在使用水晶球。

矇著眼睛開車

蘇聯有很多超能力的實驗，耶福的高里基大學翻譯部教頭布洛金便運用讀心術，做了一項不可思議的實驗。

這項實驗是在高里基大學的運動場做的，布洛金用布矇上眼睛坐在駕駛座上，旁邊則坐一個女性助手，就這樣踩油門上路了。

行程當中有很多彎道，且非常地複雜，但他還是開完了全程。令人驚訝的是他從沒有開過車，且他把車開往耶福的街上。

這個實驗前後都有車護衛，但他以近六十公里的時速完美地跑完全程。

布洛金只是把助手傳來的訊息讀入，自己只動手腳而已。想必他是運用讀心術才會開車的。

看著鏡子培養透視力

很多人有視線恐懼症，與人交談時不敢正視對方。

在學校或公司，只要看到上司或老師的眼神，視線便會向下。與人四目相視時也不敢看對方的眼睛。

視線恐懼症的人很怕與人交往，想躲進自己一個人的世界，一旦變成這種性格，人際關係又會變得不好。

建議這種人採用「看鏡子法」。站在鏡子面前，望著鏡中的自己，每天早晚做三分鐘即可，如此便可直視他人。

首先先看鏡中自己的額頭部分，每天習慣了以後，一直注視著自己的眼睛三分鐘，如此便不會再怕正視別人的臉，這種訓練同時也可以培養透視力。

洗眼睛有助透視

要發揮透視的超能力，眼睛是非常重要的。但人平常卻很少去注意到眼睛的健康。

若有很大的雜物跑到眼睛，自然會跟著眼淚流出來，若是較小的雜物，則會殘留在眼睛內，而使眼睛的功能變差。

所以，其實有必要每天洗眼睛，以下就來看看如何充實眼睛的氣，避免視弱的氣的科學洗眼睛法。

①臉盆內放入乾淨的水。

②臉沈入水中並張開眼睛，眼球上下轉三次，左右轉三次。

③接下來眼球左轉3次、右轉3次。

重複②③項動作，若覺得呼吸困難，可中途把頭抬起來換氣。

一天最少做二次。

爲了要更活化眼睛，有以下的活性法。

①輕閉二眼，用指尖輕按二、三秒。

②按二、三秒後手放鬆，之後再繼續按。

重複做六～八次。

這個運動是讓眼睛呼吸，按眼睛的時候是要把「新的氣」送入眼中。

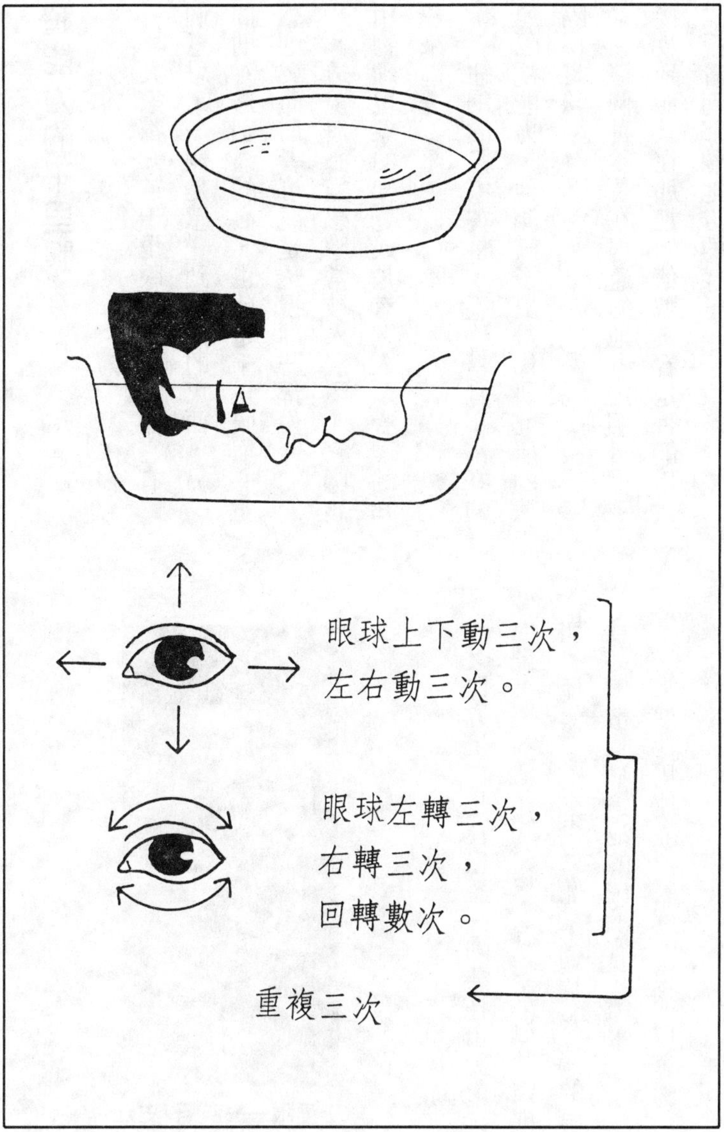
眼球上下動三次，
左右動三次。
眼球左轉三次，
右轉三次，
回轉數次。
重複三次

超能力的千里眼

大家都知道千里眼的意思，但它有二個意思，一個是感覺到遠方的東西，另一個則看透別人的心，也就是千里眼與心電感應，而前者可說是透視的一部份。

透視與心靈感應常被人混淆，它應該用物理現象的知覺或是有關人類心理的知覺來區分。

紐約的畫家英哥·史汪具有相當好的遠隔視能力，他測試了史丹佛研究所的遠隔視實驗。

這個實驗是在很遠的地方定個目標，接收到樹立在那裡的信號，看是否能用遠隔視看到那個地方的樣子。

千里眼——英哥·史汪

比方目標是在巴羅·阿魯托市大廳，他畫出了一棟建築物，有噴水池及四棵樹，他還說「不過聽不到噴水池的聲音」，當時噴水池的確沒有在噴水。

果然他用遠隔視看到的東西與實物一模一樣。

自由自在透視者的視點

據說「每個人或多或少都有千里眼的潛在能力」，中部工業大學工業物理學科的青木孝志博士便實際在做這項研究。

博士是日本千里眼的權威，這個透視實驗找了三個學生來做。其中一個被驗者選了被保管在金庫中的其中一個信封，並到指定的地方，預計三十分鐘後要到達目的地。到達目的地後，當場把那個地方畫下來。

同時實驗室中的二個人，把那個地方畫下來，之後回來的這名學生再與透視者畫的比照看看。

不過，這個實驗幾乎沒有二張畫是一模一樣的。因爲出去外面的學生所看到的視野範圍較廣，而另二名透視者看到的視野則較窄。

他們看到的地方有小遊樂園的玩具及電車隧道。

不可思議的是，透視者的視點居然看到了連當場在那邊的學生絕對看不到的東西，所以說透視者的視點彷彿脫離肉體的靈魂般，可自由自在地飛翔。

先進超能力軍事武器的開發

大家都知道美國國防部致力開發人的超能力，以應用到戰爭及間諜活動中，「紐約時報」及「華盛頓郵報」都有記載。

CIA超能力研究所最致力發展的便是遠隔透視。他們要一位透視能力者透視蘇聯的卡沙普共和國的特定地方並畫下位於當地某空軍基地的樣子。

事後把間諜衛星拍攝下來的照片與他畫的圖比對，居然一模一樣，這使得CIA也感到非常驚訝。

美國五角大廈的研究若繼續前進，超空間核曲射砲、光子阻擋層變頻器、反導彈裝置也會陸續登場。

所謂超空間曲射砲，是用意志力把在Nevada（美國西部的內華達州）沙漠引燃的核爆，在一瞬間移到克里姆林的武器。

光子阻擋變頻器是用心靈感應從遠處引起死及疾病的武器。

反導彈裝置是把炸彈反送回給敵人的裝置。

超能力研究家安多利阿·普哈利其博士說：五角大廈若投入這類超能力的研究，會花上相當龐大的金錢，也許要數百萬美元。

也或許大家還在質疑這種超能力軍事武器時，世人已經不斷在進行這類研究了。

突然閃現的印象製造

建議製造印象以激發奇想的是沈思研究家三村寬子。為了研究曾有過奇想的人他們的共通點，他們針對印象製造，說出了以下的特徵。

●電車的振動剛好可以使身體放鬆。

●早上頭腦還不是很清醒時的印象較易被記取。當天該做的事及主要的工作內容也會單純浮上來，可把工作完美地完成。

●工作前的緊張感消失。

●在上電車或開車出門前約一分鐘左右，想想當天重要的事。之後約四十分鐘在車內放音樂，此時思緒非常清晰，一些問題點及盲點也會跟著出現。

●思緒浮上來後，會覺得好像在做夢一樣，其實此時的思緒與現實息息相關，所以比夢還要真實。

在印象製造途中，尚且會有很棒的奇想。

電車內的印象製造

接著詳細說明一下三村寬子的印象製造。

在上班途中的電車上，大家多半是一副想睡的臉，不過，肉體與意識是不同的。肉體非常疲勞時，意識其實非常清醒。

三村寬子說：

「在做動腦筋的事時，意識根本無法潛入，等思考過後的那一剎那，腦中才好像有什麼像光的東西閃入。

這多半在身體非常疲累或是意識鬆懈下來時才會這樣，也許你會想一直等也等不來，在等得不耐煩正準備放棄時也許它才會來，其實剛好相反。只要你肯等，一定會有答案。

比方可以先想想朝會時要講什麼？或是想想要如何向上司報告。」

印象製造因為是用平常不用的大腦，所以對腦部的活化很有幫助，如此一來，工作也就更加有趣。

第5章❖「氣」與超能力

人的生命力是「氣」

有「氣力」這個詞，平常我們說「充實氣力」、「氣力衰退」。

爲什麼連篤信科學的醫生也會說「病人的氣力有問題」。

醫生曾看過幾百人、幾萬人的病，生同樣的病的人，有的人死了，有的人卻繼續活著。

醫生們也知道區分病人生死的是氣力，從經驗上，他們也都知道氣的神秘。

有一個登山專家從岩石上摔了下來，本來當場就會摔死的，但一條主繩子救了他。

那名登山專家用盡了最後的力氣等待搜救隊來救他。

不過，撐到救生隊來了，他反而死了，可能在最後「獲救了」的那一刹那間，他反而鬆了一口氣的原因。

拼命地努力，因爲只靠氣力活著，所以會有這樣的結果。

氣的威力，與命的契合、體力等都是維持人的生命力的重要因素，也證明了「氣」的威力。

氣流才是人體的根本

這是三十年前的事。在印度的奧地，有二名少女被狼撫養長大，後來被人發現並被帶到人類社會。

她們用四隻腳走路，吃東西也不用手，對人也像狼般用吠的。

其中一人叫阿瑪拉的不久就死了，另一個叫卡瑪拉也活到十七歲就死了。

卡瑪拉一直到死亡之前學會了很多單字，也學會用二隻腳走路，但就是無法再背更多的單字，跑的時候也會變成用四隻腳。

少女應該是把狼當作她們的父母，但她們爲何會死掉呢？

她們從嬰兒時期就跟著狼，所以她們把狼當作她們的父母，狼所發出的氣就成了她們的節律。

動物與人不同，牠們依著自然而生，在自然的氣中成長。後來被人類發現，突然之間改變了一貫生活的習慣及節律。

原本狼的生活節律被改變，氣的「流」也跟著改變，所以她們也無法繼續生存下去。

超能力者所感受到的「氣」的秘密

折彎湯匙而聞名世界的清田益章，認爲現代人對氣的感覺已經遲鈍了。

據說這是因爲感覺氣的部位長了太多脂肪，有一天被刺時，連被誰刺的都不知道。

隔著玻璃窗看富士山，玻璃窗上也會照出自己。不過，現在的人只看得到富士山，卻看不到映在玻璃窗上的自己。清田先生主張人要知道自己。

他說：「在我們周圍，從神社開始有很多是充滿『氣』的地方。比方神奈川縣箱根的大雄山最乘寺便是其中之一，去這類地方在思考時會朝肯定的方向走，奈良縣的天河神社也很有威力。

開發土地的人會感覺到土地的氣，打開你的心胸便會感覺到這種氣。」

他還告訴我們：「參加集會遲到，會覺得無法立刻溶入當時的氣氛，那是因爲已經形成的氣氛與自己的氣不合。此時你可以放輕鬆地找出與周圍較合的氣。」

超能力者對「氣」便能夠掌握得很好。

在無我的狀態較有超能力

瑜伽研究家成瀨雅春說：「所謂發揮超能力的人，他們很會運用氣及生命能源的。」

那麼，要如何才能感受到生命能源及氣呢？

「若日常生活中不能感受到氣與生命能源，有必要讓自己是處在純潔與透明的狀態，也就是要讓自己像透明玻璃般。」

「以物質來講，像煤必須提高構成物質炭素的密度，而讓它是在鑽石的狀態，這就好像精神是在『空』及『無』的狀態。」

不過，多數超能力者及靈能者都不是在這種純粹的狀態，所以這種人的力量也會較薄弱。

在自己還在想要把能力發揮出來時，其實仍未在「空」及「無」的狀態。

當一個人處在透明而純淨的狀態時，放射出的能力也會愈來愈強。

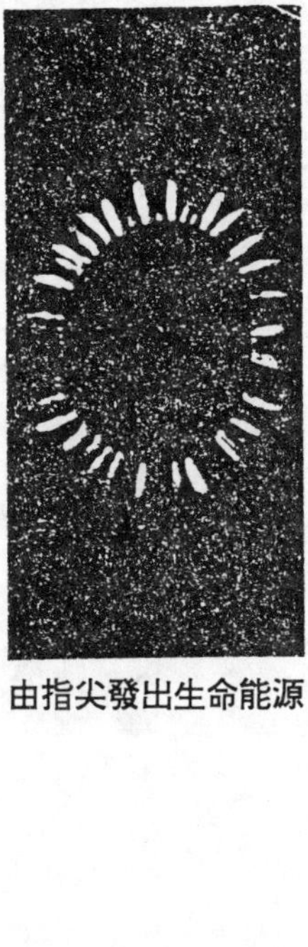

由指尖發出生命能源

何謂對「氣」敏感的人？

●討厭黃色喜歡藍色的人。
●不喜歡握手的人。
●怕照鏡子的人。
●躲避人群的人。

以上是科學家來亨巴哈男爵對敏感的人所下的定義。

來亨巴哈生於拿破崙一世統治時，學習自然科學及法學，一八三〇年發現石蜡，一九三二年發現木餾油。

來亨巴哈主張「陰陽論」，他認爲人類約有四分之一～三分之一可探知陰陽的力量。

可探知陰陽力量的人，也是有超能力的人。人或動物的身體，左邊從頭到指尖是陽性，右側是陰性。

比方二人躺在一起，右邊的人從左邊的人接收到陰性，左邊的人從右邊的人接收到陽性。陰性的特徵是快、冷，陽性的特徵是不快、生。

人的左半側是陽性，所以北半球敏感的人不能朝左側睡，南半球敏感的人不能朝右睡。

超能力者臉朝南、背向北的位置是較好的睡覺位置。較差的位置是臉朝東、背向西。

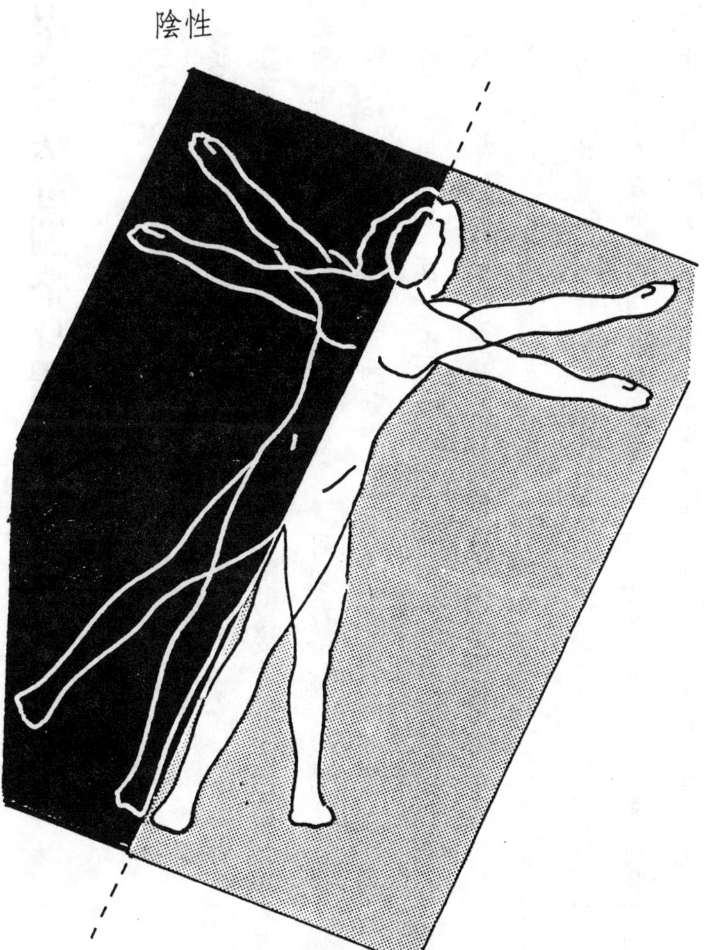
陰性
陽性

南梭之法可調整身體

自古以來就有調整身體的方法。

這是臨濟宗白隱禪師教的「南梭之法」，以下就來看看這種方法。

直直地躺在地板上，放鬆身體閉上眼睛，接著想像自己的鼻子上好像有很輕的羽毛，身體不動，靜靜地呼吸。等可以靜靜地呼吸時，慢慢地從一數到二十，等心靜下來後再做下面的動作。

首先，想像自己的頭上好像有個蛋一般大的藥丸，而這藥很香而且像奶油般地軟，由牛奶做成的像奶油或乳酪的東西叫做「南梭」。

想像頭上放著南梭，躺在山上寬闊院子的床上，不久受太陽光及體溫的影響，南梭開始溶化，油從額頭流到耳朵，再流到頭後，最後整個頭都是南梭。

當整個香香的南梭流滿整個頭，接著往身體方向流。先由脖子到肩膀，再由肩膀到胸、肚子、背。不只流在身體表面，連肺、胃、肝等也都流進去了。

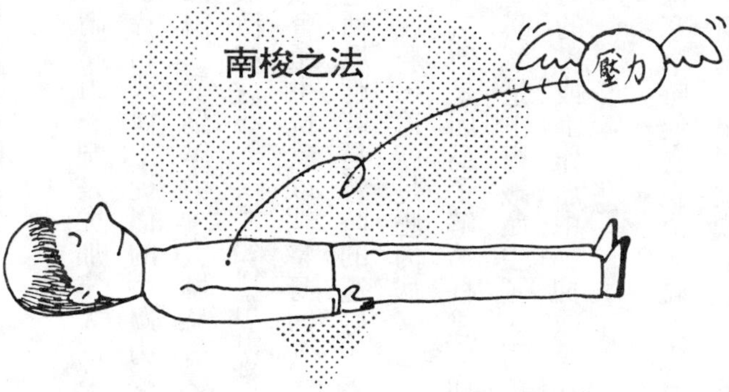

「南梭」流遍全身，洗淨五臟六腑，最後由下腹部、大腿、膝蓋、腳趾流出身體。這樣全身放鬆後，「南梭」流到床下的壺中。

試完這個方法後，心中煩惱的事也被一掃而空，頭腦清醒，身體也非常輕盈。

白隱禪師年輕的時候苦於修行而把身體弄壞，最後還得了肺結核，他試了所有的方法仍然無效。當他快要放棄時，京都的白幽上人告訴他這個方法。

「南梭之法」可解除心中的壓力，也可使超能力運用發揮出來。

嘆氣是壓力的證據

所謂壓力一詞是從加拿大的蒙托利歐魯大學賽利耶博士提倡的「壓力學說」來的。人體一受到壓力，大腦感覺之後便會分泌某種荷爾蒙。這類荷爾蒙被送到全身，便會產生抗體以調整身體。

這種反應若是暫時的還好，若一直持續會變成病，這就是壓力病。

嘆氣便是因爲了解這種壓力與本身的關係。嘆氣是下意識產生了，可能是在唸很吃力的書或工作途中，抑或是在通勤的電車上。

像塞車時便會嘆氣，雖然沒有人喜歡塞車，但塞一下子就嘆氣也是不好的。這是因爲「氣」變弱，也就是體力不夠的緣故。

氣的流動變弱，老舊廢物便會存積在體中，爲了要儘早把它排出體外，於是便會嘆氣。嘆氣是一種深呼吸，且不是故意嘆氣的，是爲了讓體內的炭酸瓦斯等老舊廢物與新鮮的氧氣交換所自然發生的。

所以到現在仍未嘆氣的人，若忽然嘆氣，大概是因爲有壓力的緣故。

認清充實氣力的方法

蘇聯及美國很流行研究超能力，不過這二國都把它拿來運用在軍事上。

而且，這類超能力的研究尚不到一世紀。

但中國則從三千年前便開始研究超能力，這就是「氣」。

中國最具代表性的太極拳便是軀動身體，使「氣」流動。

以下就來介紹認識氣力是否充實的方法，這是中國傳自於中國對氣的研究。

走路時，思考中喜歡低頭走路的人氣較弱，經常抬頭挺胸的人氣很充實。

低頭走路由於壓迫到肺，使肺的功能減退，氣便無法巡迴到全身。抬頭挺胸的話便可養身，經常抱胸的人也會氣衰。

要知道氣力的充實度還有別的方法。用導引術來辨別，早上上廁所時若小便有泡泡，表示氣很充實，若沒有泡泡表示氣很衰弱。

武士在比賽之前，一定會看看自己的小便，以確認自己的氣是否充實。

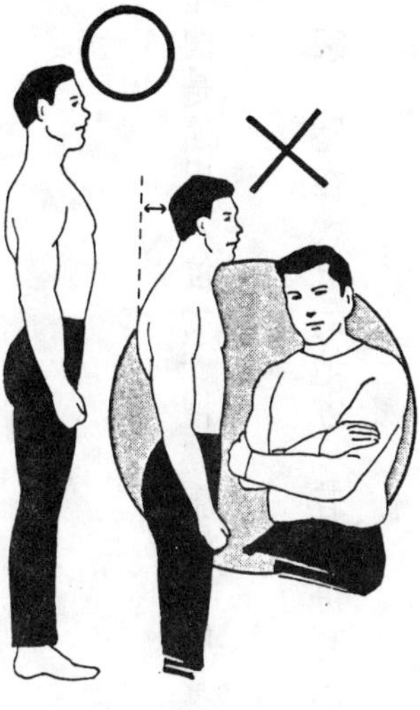

提高腦力的穴位刺激術

東洋醫學很重視佈滿身體的穴位，指壓便是運用穴位的一種健康法。壓身體的穴位會刺激神經，並促進血液循環。

並不一定要專業的，即使不是指壓的專家，壓在大概的地方，若覺得有強烈的刺激，可用大拇指腹輕壓周圍即可。

以下就來看看壓哪個穴位對提高腦力很有幫助。

首先，頭的頂上有百會，這個穴位在通過眉間的中心線與由兩耳上端正上方線的交叉點。

用大拇指腹輕壓這裡會刺激血管，使得血液循環良好。壓七下休息三下，連續重複做十次。

接下來的穴位是「頭維」，它位於頭髮中心。壓這個部位對治療頭痛很有效，可使頭部血液循環良好恢復精神。

再來是「天柱」這個穴位，它位於脖子後方二根大肌肉上方骨梢。

刺激這個部位，眼睛好像會看得很清楚，故叫做眼點，它會使自律神經的功能轉好。

在脖子的是天柱，把兩隻手的四支手指合在一起，放在頭部後方，再用拇指壓兩邊。

「天容」這個穴位是於耳後的完骨下，約二根手指的地方，這裡有通往腦部的血管與神經，刺激這個部位會加強血管與神經的功能。壓住後若感覺很緊，表示血液循環不好，可按著一直至覺得較鬆弛才放開。按的方法與「天柱」一樣，把兩手放在頭後方，再用兩手的拇指壓。若感覺疼痛的話可按著一直到不痛為止。

把耳朵壓至頭部，其最上面的部位叫做率谷，按住這裡應該也會覺得痛。

還有一個叫做「天衝」的穴位，它位於從「率谷」約一根手指頭的後上方，對記憶力的恢復很有幫助。

最後一個是「風池」，它位於耳下，可使頭腦清醒，精神安定。

穴位的醫學療性是有被證實的，所以按壓有效的穴位可活化腦部。

早上吆喝一聲起床

要知道自己的氣是處於什麼樣的狀態，可由早上醒來時的狀況得知。

早上醒來若會發出很大的聲音，或是精神飽滿，表示氣很足夠。

相反地，若不想發出聲音，心情不佳表示氣非常缺乏。

西鄉隆盛是明治維新時很有名的一個人，他把氣力表現在臉上，所以去會見他的人都會發出深深的敬意。聽說他早上一醒來都會吆喝一聲再起床。

吆喝一聲其實含義很深。人在前一天晚上若工作得太累，或是喝太多，鬧鐘即使一直響也爬不起來，心想再三分、再二分鐘很快地又睡沈了。

三井不動產的江户英雄、國際興業的小佐野賢治，有很多成功者都是像他們這類早起的人。

一年之計在於春，一日之計在於晨，故早起對氣很有幫助。

一早爬起來跑馬拉松大概有點困難，但早上醒來大大吆喝一聲應該不會太難，但由氣的觀點來看，這小小的動作卻深具意義。

你是早上型？中午型？晚上型

每個人都有自己的波，尤其是學習的時候。

①從早上到中午狀況較好的是—早上型。

②早上沒什麼精神，一過中午氣力便湧現—中午型。

③大家都睡著後才會有精神—晚上型。

多數的人都是上午或中午精神比較好，下午二點～三點精神最差。

了解自己狀況最好的時間，可提高學習以及工作的效率。

比方要做討厭的數學，可在前天晚上早點睡，早上早點起床，這是早上型的人。

相反地，晚上型的人可在白天做自己較拿手的科目，晚上再來做自己比較不會的科目。若在低潮的時間做自己不擅長的事，會更覺得煩躁。

若一直在固定的時間做固定的事，可依自己的狀況調整一下作息，相信一個禮拜左右你就會看到成果。

九孔的研究

人有九個孔。眼二個、鼻二個、嘴巴一個、耳朵二個、性器、肛門。

人便靠這九孔與自然交流，傳自中國的「氣的科學」，認爲這九孔是與自然的接點，所以非常重視它。

要如何好好保護這九個孔呢？首先清洗是很重要的，它可維持健康，也可治療疾病。

假如洗的方法錯誤，怎麼洗也沒有用，以下就來看看洗眼睛與鼻子的方法：

·正確的洗眼睛法

先把水盛在臉盆中，把眼睛張開，臉放入盆中，眼球上下動三次，接著再左右動三次。

接著左邊轉三次、右邊轉三次。

早上起來及晚上睡覺前各做三次，當然中途若覺得呼吸困難可以換氣。

·正確的洗鼻子法

先用兩手的中指按住鼻子兩邊，接著用左食指腹壓住左邊的鼻子。再來用右手掌把水拍入右邊的鼻孔中，再由嘴巴把水吐出。

重複做三次後再換邊，早晚與洗眼睛一起做效果會更好。

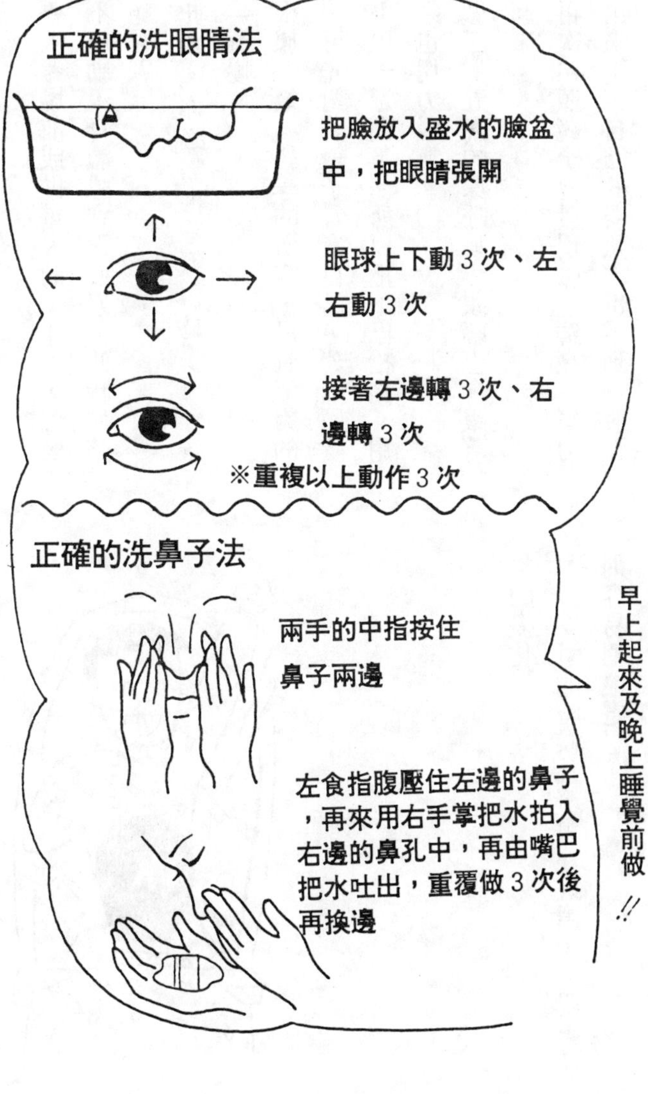
正確的洗眼睛法
把臉放入盛水的臉盆中，把眼睛張開
眼球上下動3次、左右動3次
接著左邊轉3次、右邊轉3次
※重複以上動作3次
正確的洗鼻子法
兩手的中指按住鼻子兩邊
左食指腹壓住左邊的鼻子，再來用右手掌把水拍入右邊的鼻孔中，再由嘴巴把水吐出，重覆做3次後再換邊
早上起來及晚上睡覺前做!!

一決勝負前產生氣力的方法

要入考場前或做重大的工作前，怎麼也使不起勁，身體感到很疲累，此時你該怎麼辦呢？

此時，你必需把陰氣轉爲陽氣，讓「氣」流暢。

根據「氣」科學的研究，没有氣力的時候，可先對著鏡子看看自己，若氣傾陰時，下巴一定向下。所以把下巴抬高。用力呼氣也用力吸氣。

做三～五次的深呼吸，頭腦也會跟著清醒起來。

再次照照鏡子會發現臉色鮮亮、氣力也湧出來了，自己的弱氣，也感到一股强氣的變化。

陰氣的時候凡事會往好處想，陽氣時則容易朝壞處想。

手掌是氣的放射器

準備二個花盆，其中一個每天用手送氣，這個送過氣的花盆花一定長得很好。

一九六八年，中國發表了由手掌放出來的氣是波長九毫米的遠紅外線，它易深入人體內部。

現在仍有某個宗教團體會互相用手交換氣。

有一句話叫做「用手治療」，這是用手治好患者的病痛，也就是把手掌碰觸患者的身體，患者因而痊癒。

有時在有體力的人身邊會感到熱氣，年輕人多的地方也會散放出年輕之氣，而這種氣多數來自於手掌。

人在下意識會用手治癒身體生病的部份。

中國非常盛行東洋醫學與西洋醫學的混合研究，像哈利麻醉是利用催眠術使患者在催眠狀態下來進行腦部手術。

這是因爲人體生理與氣的研究愈來愈進步，而氣也會左右未來的醫學。

預知危險的三脈法

中國的氣裡有一種預知危險的「三脈法」。導引術大師早島正雄認爲三脈法可以預知危險，他本人也因三脈法而獲救。

幾年前當我走在東京新宿NS大樓下時，突然感覺到一股殺氣。似乎有人叫著「快逃」的聲音飛掠而過。此時從大樓掉下一塊招牌差點兒打到他，早島先生也因預知到危險而救了自己一命。

他便是用三脈法預知到危險。在發生事故的當天早上，早雄先生用三脈法預知到危險，故而躲過了危險。

①用右手握住左手腕脈，左右手相反也無所謂。

②用左手的拇指及食指按住下顎下的左右脈。

③同時看手腕與下顎下的三點脈。

安全時，這三點脈是一致的，若有點亂表示有危險會發生。如有此種徵兆，應避免搭車或是出遠門旅行。

這種方法因爲很簡單，可在旅行前或搭車前，若有任何徵兆便應多加注意及迴避。

預知危險的三脈法

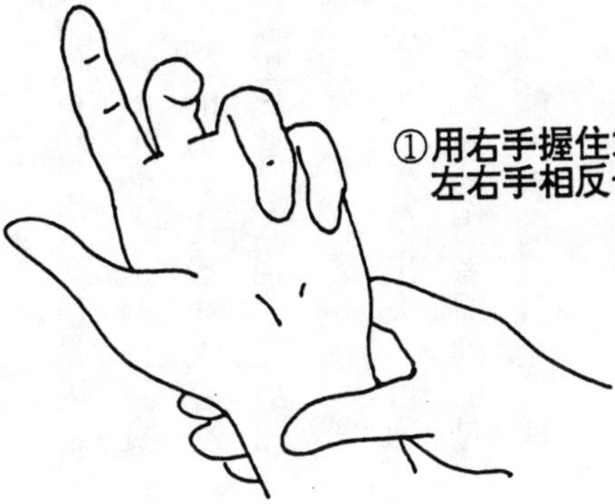

①用右手握住左手腕脈，
左右手相反也無所謂。

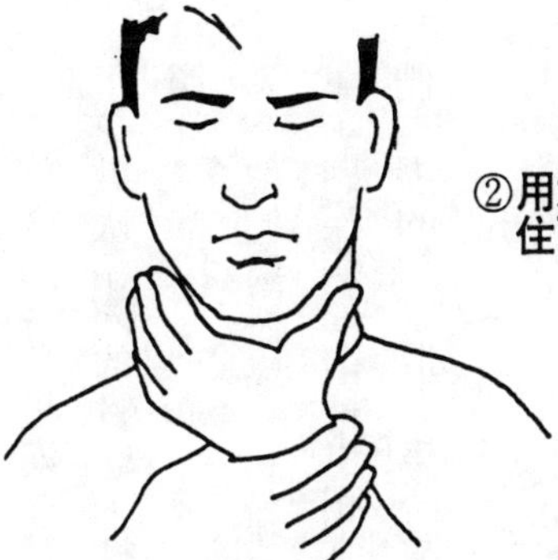

②用左手的拇指及食指按
住下顎下的左右脈。

③同時看手腕與下顎下的
三點脈。

出現在照片的氣

有一種照片叫做奇魯里安，這是因爲蘇聯的奇魯里安夫婦而來的。這照片證實了「氣」的存在。超能力者比普通人容易看見氣，他們的氣也比普通人强，在這照片之前，氣的存在往往被人們否定。

「氣」由人的指尖及穴位出來，可通過黑色的紙及鋁箔紙，超能力者看到的是白色。以前中國的超能力者聽說就是這樣發現經穴的位置。

照出「氣」的元祖，其實是電的發明家尼可拉·戴斯拉（一八五六～一九四三）。他從南斯拉夫移民到美國，從小，母親便培養他的超能力，長大後，他發明了很多重要的東西，當然奇魯里安照片的實驗，也是在大家面前公開照片。

蘇聯的奇魯里安夫婦經過了三十年做了無數次相同的實驗，持續拍攝高壓放電照片。

他們對醫學、心理學的研究很有貢獻，對疾病的治療也相當有幫助，故以他們夫妻的名字取名爲奇魯里安照片。

在洗澡時瞑想

瑜伽健康研究家說：洗澡時會有好的瞑想，但是有妙訣的。

①洗完身體後跳進浴缸，慢慢把身體伸開輕輕放鬆。

②接著想想今天一天發生的事。

③從起床開始想，接著看今天發生了哪些事。

④可以反省或想想快樂的事。

⑤一天的事想過一次之後，把它全部忘掉。出了浴缸後，今天的事就像放掉的水般都流去了。

像這樣，把好的壞的都拋卻，讓自己處在無我的狀況下，這不僅是一種簡單的瞑想法且可把一天的疲勞、壓力都消去。

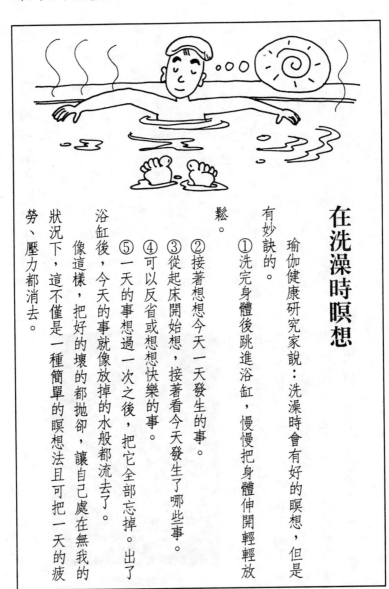

為什麼切掉的葉子呈現在照片上

奇魯里安照片之所以成名，是因爲一張幻葉現象的照片。所謂幻葉現象，是已切掉的葉子呈現在奇里魯安照片中，尤其是早春的葉子特別會這樣。

一九六八年夏天，二位新聞記者澳斯多藍達及修羅達發現這個照片，並把它報導出來，於是才聞名起來。

我本人在幾年前走訪洛杉磯UCLA奇魯里安照片的第一人塞魯馬·墨斯博士時，他直接把奇魯里安照片拿給我看，博士還做了沒有透過電壓的攝影，也就是把來自於植物的氣照下來，並且成功地攝下了影像。

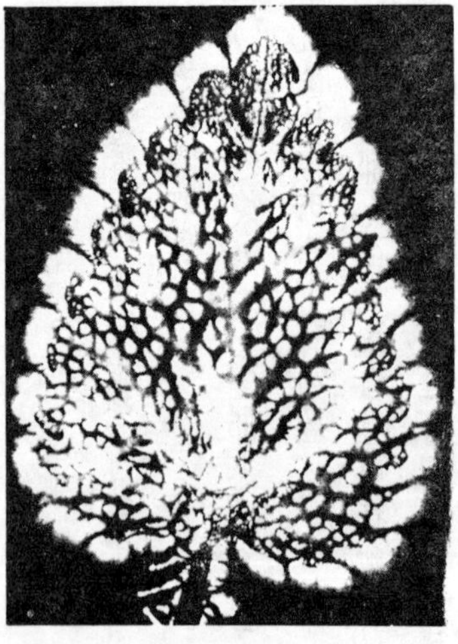

奇魯里安照片

博士的照片中有一個是二個人的心理作用可以用眼睛看到，當二個人的手指接近時，若二人之間存有善意，二人指尖傳出的波便會相接；若二人之間有敵意，二人指尖傳出的波便會斷掉，這實在非常有意思。

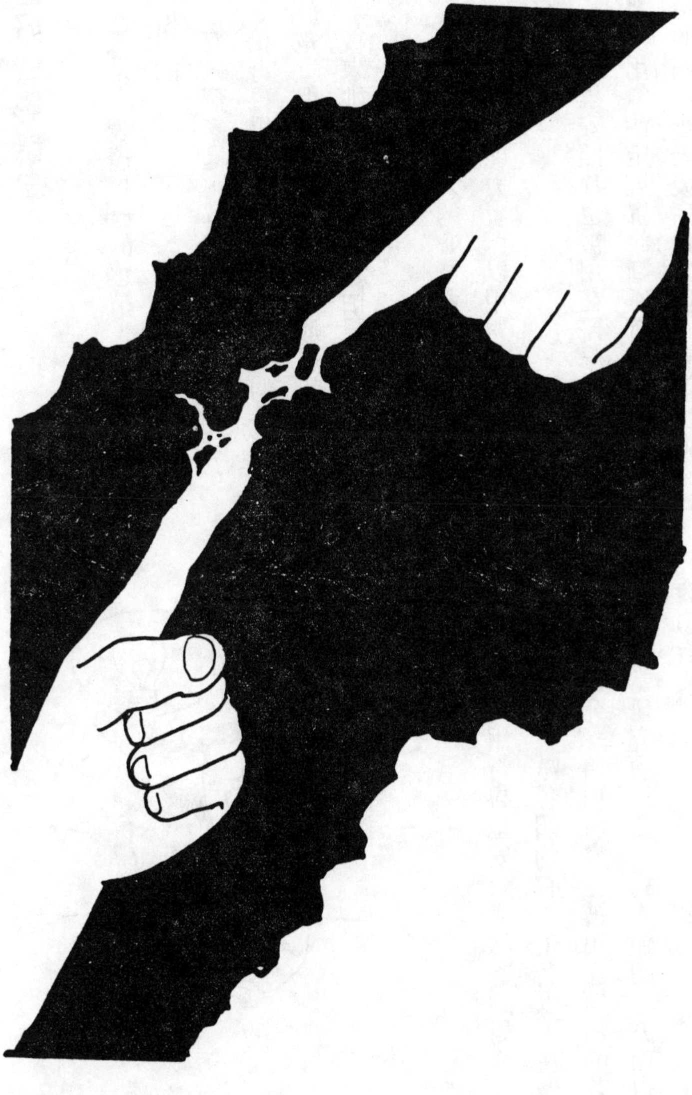

喜好會影響氣

氣是人表達自己的感情，有一個例子是這樣的：

有一個家庭，爸爸、媽媽、兒子、女兒，拍奇魯里安照片，只有女兒的手指沒有放電，但此時她的食慾也減退。

後來她與男朋友一起拍照，這次放出的電就很明朗。

這就證明了人的心情會影響到氣的性質，所以，超能力者可以用對方的心及氣色來做判斷。

奇魯里安照片也被用在醫學上，有一家醫院用氣測定裝置診斷所有醫生都無法醫治的病，幾天後症狀出現，診斷也就確認了。

有關利用奇魯里安效果診斷的研究，包括蘇聯、東歐各國約有一千名以上在做這樣的研究。這項研究也被用在植物的栽培上，當研究愈進步，對人類的各方面也會愈有貢獻。

禪僧為何長壽

有一位叫做白隱的禪師說：「醫生在人死前三天若還不知道的話，表示修行還不夠。」

白隱預感到自己將要死，果然三天後就與世長辭了。

白隱有驚人的超能力，它叫做丹田法（提升氣力術）。

丹田就像「臍下丹田」般，是在肚臍下面，也就是下腹，這裡是氣集中的地力，丹田法可把氣集中，因此長生不老。

所謂丹，像萬金丹、仁丹都被用在藥中，中國則有不老不死之藥的意思。所謂丹田法，是在自己的體內練氣製丹。

丹田法不是一天兩天可以練成的，坐禪也可說是一種丹田法。

禪說「坐禪是安樂的法門」，因爲安樂使丹田填滿氣，心中有活氣便自然茅塞頓開。

以前禪僧當中有較多是長壽的人，這或許驗證了丹田法有不老長壽的效果。

中國的道家有很多人活到一百歲以上，由於他們知道如何集中氣，所以可以永保長壽。丹田法要練到下腹變熱，一般需要六個月左右的時間。

瑜伽可「吸氣」

瑜伽相當重視呼吸，呼吸一亂心就亂，相反地，心一亂呼吸也跟著亂。心與身的狀態與呼吸有很大的關聯。

呼吸是要把存在於宇宙空間的生命能源吸入體中，使身心都有好的能源。

呼吸器官由自律神經支配，故某種程度下可由意識來支配，若用瑜伽來控制呼吸，它不僅可以控制器官，還可以控制其他的內臟。

呼吸法也有很多種，以下就來介紹完全呼吸法，其基本姿勢是正坐或坐禪，若這兩個都不會，可把背靠在椅子上坐挺就好了。

首先，先慢慢吐氣，把氣全部吐出後停止呼吸一、二秒，從鼻子流入的空氣會使橫隔膜放鬆，肚子會脹起來。

接著吸進很多氣，之後再慢慢吐出，吐氣的時候肚子會好像縮進去般。

做這種呼吸法血液循環會變好，血壓也會下降，精神可以安定下來。緊張、不安或考試前不妨做做看，一定可以使精神集中。

氣所帶來的健康與活力

氣是拉丁語「微風」的意思，有「香味」、「發散物」的意味，心靈學則有「靈氣」的意思。

「它只有某些超能力者能夠感受得到，若一般人戴上特殊眼鏡，或許也可以看得到。氣從肉體向外散出，整個看來，人好像包在一個蛋中，其發出的光芒不同，人的健康與活力也不同。

所包含的各種顏色，主色與光譜線的顏色一樣。紅色是能源與意志，橘色是感情，黃色是知性與智慧，綠色是協調性與安定性，青色是堅實性，藍色是向上性，紫色是靈性。

當超能力者看到這種因子，便可知道肉體，精神與靈的狀態。氣有香也有臭，有冷也有暖。」（取材自『世界驚異之占卜、靈術、魔術』新人物往來社）

宇宙能源使人體活性化

瑜伽書中提到人體有七萬二千根的「氣道」，其中有以下三個最重要的。

●史裘慕那……脊髓
●伊達……左鼻孔
●平加拉……右鼻孔

史裘慕那本是很粗的氣道，沿著脊髓從背脊中央通到腦部。

史裘慕那骨上約三分公的地方，有一個叫做肯德利的超能力中心體，這是一條螺旋形的發條，當氣道的髒東西去除，發條伸直了，超能力也會發揮出來。

所以，瑜伽一直叫人要去除氣道髒污的東西。

伊達及平加拉二條氣道是與外界空氣聯絡，上面不只通到鼻孔，還與眉上方的「聖孔」交流在一起。

這是釋迦牟尼在講說『法華經』前說送到一萬八千的佛陀國之「氣的放射線」，因爲宇宙能源充滿了整個空氣，它會貫通身體或是從氣道的一部份進入。

當它附著在空氣中進入鼻內，然後排在體內時 會使整個人體活性化起來。

與宇宙情報系的溝通

現在的人都認爲人是以左腦爲中心在思考事情，理論上也是這麼說。

理論往往會讓人誤以爲就是正確的。

不過，真的是這樣嗎？在獲知情報時，眼睛看的，耳朵聽的，手摸的，除了透過五感之外，難道没有别的管道嗎？

當你感覺到時，就不會忽視它的聲音，當你與宇宙的情報系成功地溝通時，除了獲知五感以外的情報，還可以掌握到理論世界以外的情報。

一般說來，所謂溝通是指與宇宙意識體的交流。這範圍包含了與人類、動物、物質的溝通。

在做溝通時，傳送或接收會使人處在一種出神的狀態，但超能力的代表清田益章則在平常的狀況下便可進行溝通。

他的溝通始於中學一年級時，一通忽然打來的電話，那時他突然感覺到宇宙意識體，這便是所謂的氣，氣使人類得以接收到情報。

第6章 ❖ 探尋夢的秘密

H・G・威爾斯的夢預知小說

英國的大文豪H・G威爾斯寫過像「時空機器」、「透明人」、「宇宙戰爭」等有名的科幻小說。他在一九三三年發表的作品「The shape of Things to Come」中預測了各種未來的事。

書中寫到第二次世界興起及原子彈墜落在日本的二個大都市，受到原子彈洗禮僥倖生存的人，從此不再有後代，但日本在二次大戰後會逐漸壯大，並成爲世界舞台的主角。

這本小說是菲利浦・雷本博士假設現在是二一〇六年，把這些事當歷史寫出來，有趣的是這件未來一七三年的事，是他在夢中夢到而把它寫下來的。

有些人把醒來前做的夢記錄下來，並把未來的事都當歷史寫下來。

與事實吻合的夢的確存在

有很多學者在研究「人在什麼時候會有預知的經驗」、「那時他預知到了什麼」，英國的梭魯多馬希的研究報告很值得做爲參考。

這項研究是探訪二八一名預知者，他們在預知事情時的心理狀態，最多的是「夢的預知」有四一%，其次是「影像浮現」有二二%，「夢的預知」佔壓倒性的多數。

再看看它的內容，「自然死」有七二個人，「微不足道的小事」有七〇人，「火災等事故」有三七人。

也就是多數人都預知到「死」，這證明了與事實吻合的夢的確是存在的。

所以當夢到「死」、「事故」與他人或自己有相關的夢時，一定要很小心注意。

提高夢預知的能力

J·W·迪恩博士告訴人們如何在夢中無意識的情況下提升自己的預知能力。

最主要的還是「加强對夢的記憶」，你可以一醒來就把剛做的夢記錄下來，可以用寫的或是用錄音的。

若夢是零零碎碎的，可把較重要的部份記錄下來。

迪恩博士說：「夢與未來即將發生的事幾乎一樣，且還會有過去的事。」

他還强調會妨礙夢預知能力的三個事項：

①不夠注意夢的細節部份。

②忽視夢與未來事的關聯。

③不相信未來預知的可能性。

這三點在無意識間會妨礙了夢與現實的一致性。

知的無意識世界。

腦細胞會反應在夢中

自己的腦是否對夢的內容有反應，一直都是個問號，直到東邦大學醫學部的鳥井鎮夫教授的研究出現後，才得到證實。

睡眠中眼球的轉動呈現在腦波上，而後頭部的視覺神經細胞所發出的生理信號證實了視覺腦細胞在做夢。

其實做夢時，眼球的「雷姆（人體倫琴當量）睡眠」會動得很厲害，但至今仍没有證實視覺細胞反應在夢中。

這個實驗證明：眼球開始動時，視覺神經細胞也有反應，但當眼球停止轉動，反應也跟著没了。

這是觀察了一個晚上的腦波變化才得

夢與病之間不可思議的關係

蘇聯的醫學家卡賽金博士說：「夢與發病並非偶然。」

比方下面的這一段故事：有一個學生夢到自己被錦蛇纏住全身動彈不得，他以爲是自己有什麼毛病去看醫生，醫生說完全沒有異狀。經過了一年左右，這個學生得了嚴重的脊椎腫瘤，全身幾乎癱瘓。

另有一名女子多次夢到自己被埋在土中呼吸困難，二個月後醫生診斷她患了結核病。

博士說：「重複多次夢到相同的夢，而內容又是與病有關的症狀，果然幾天後，症狀就真的出現了。搜集分析了幾千個夢會發現有其準則的，像呼吸困難應該是肺癌及結核病，不安感應該是高血壓。

博士還說腦有感覺疾病的能力，在明確的症狀出現前，夢已經出現警示了。

腦的活動細胞外側有負責夢的部份，這個部份相當敏感，尤其外部刺激較少的夜晚，便可掌握到白天不易察覺的事，而它便會出現在夢中。

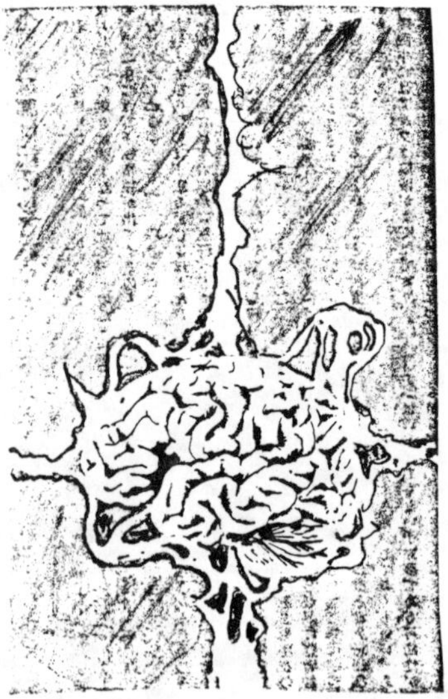

把不可思議的夢記錄下來

我們在睡眠時左腦的活動轉弱，相反地，右腦會較强，所以夢中會出現許多預知的情報。

左腦與右腦的情報在睡前幾乎没有，睡眠中左腦的情報易流向右腦。

這就是兩腦中間的門，在此時較易打開。

睡眠中會出現阿路法（α）腦波，也較容易掌握到預知情報。

夢之中有各種預知情報的預知夢，它不只是過去或現在的而已，連未來的事也會出現在夢中。

夢到不可思議的夢時，立即趁著還没有忘記時，趕緊把它記錄下來。

提高記憶力的方法

德國的心理學家艾米格哈斯說：人的記憶一般來說，有容易忘記的部份及不容易忘記的部份。

大概有三分之二是容易忘記的部份，只記了一次，若不再重複多記幾次，可能在一定的時間內就會忘記，大約是九小時以內。另外，剩餘的三分之一大約是一天或是幾天以內就會忘記。

所以為了加強記憶，與其重新記憶已經忘了的事，不如趁著還有記憶時讓記憶更加深刻。

在心中想「重複五次就不會忘記」，對記憶力有很大的幫助。

要讓記憶力增強這個方法是最有效的，而要好好地記住事情，重複五次的效果的確會很好。

夢中武士告訴我有危險

自己在不知不覺間或許也做了很多預知夢，以下是一位十六歲學生的故事。

他夢到騎腳踏車去上學，在濃霧中有一個江户時代的武士出現，他說：「今天不要外出，若要出去也要走另一條路。」就這樣消失在霧中。

雖然他有點在意夢中夢到的事，但還是騎著腳踏車到學校去了。他走平常走的路，因車子太多了，他想橫越馬路。

可是籃子上的書包突然掉下來了，他想要下車去把書包撿回來，但在此時，他的身子忽然不能動彈。

當耳邊出現「你爲什麼没守約定」時，正好一輛卡車恰巧壓過了書包。

書包没怎樣，不過若不是當時他全身動彈不得，他可能已經被車子撞上了。

一定是有守護神告訴他有危險，但他没有放在心上，於是守護神讓他動彈不得，使他逃過了一劫。

預知夢發現了遺跡

在採礦物或找遺跡時，常會用地圖來搜尋。可以不用到現場，而在地圖或航空照片上放擺錘，然後看擺錘擺動的方向，找到目的物的位置。

美國的地質學家葛德曼，有一天做了一個不可思議的夢。他夢到在山中一個佈滿松樹的斷崖，手持地圖，成功發現了一處遺跡。

平常的人大概會把這種夢忘了，但深信預知夢的他，經過有名的超能力者阿普拉哈姆森的指示，持續做調查，終於在亞利桑納州發現了與他在夢中所看到的相同遺跡。

但要去挖掘卻相當費功夫，當地亞利桑那大學當局以「超心理學實驗」爲由，一直不肯發出挖掘許可。

後來，其中有些教授終於首肯，於是，一九七三年開始開挖，終於挖出各類石器。

考古學教授都認爲這個地點不可能會有遺跡，但真的挖出很多人工石刃、剝片石器等。理論上不可能發現遺跡的地力，超能力卻發現了。

夢的分類

每個人一個禮拜內都會做幾次夢，即使是「睡得很熟不會做夢的人」，也曾做過各式各樣的夢。

有的夢很接近現實，也有的幾乎是脱離現實的。

這麼多的夢，當然可以細分作幾個類型。

在美國、歐洲或日本，很多的心理學家及精神病理學家，從各種角度來分析夢的類型。

其中，靜岡大學的金森誠也老師的研究較易了解，他把夢分爲六個類型。

A型～落下及墜落的夢較多。

B型～上升及飛行的夢較多。

C型～動物的夢較多。

D型～家人的夢較多。

E型～攻擊的夢較多。

F型～被攻擊的夢較多。

人做一百次的夢一百次都不會一樣。

但大致可區分爲以上六型，你可以判斷自己是屬於哪一類型的。

人的潛在心理會出現在夢中，由這個分類你可以知道自己的潛在心理。

同時，也可預知你的弱點。

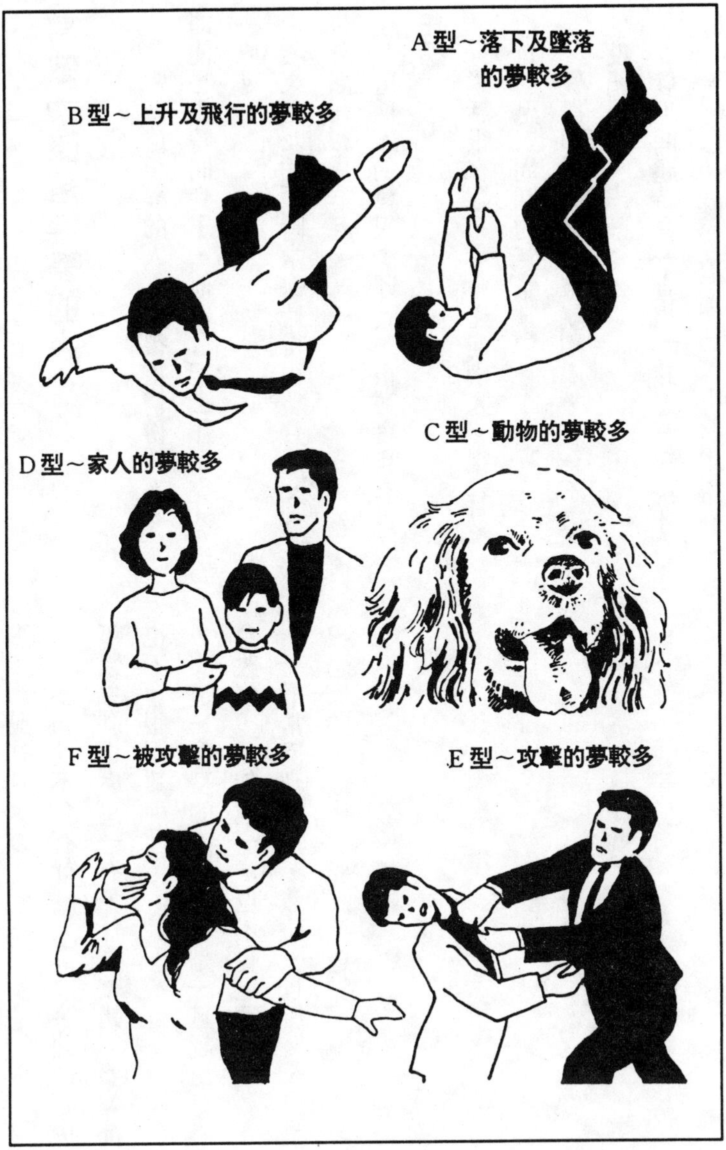
A型～落下及墜落的夢較多
B型～上升及飛行的夢較多
C型～動物的夢較多
D型～家人的夢較多
F型～被攻擊的夢較多
E型～攻擊的夢較多

常做「墜落」夢的人

常做這種夢的人，是很重情份的人。即使吃飯時間到了，他也會把工作做完才去吃。

桌上及抽屜時常保持得很整齊，文件也分類得很周詳。

這種人約會很少遲到，很誠實且有責任感。

說話很客觀，不會逢迎別人。很容易把自己融入周圍的氣氛當中。

覺得和對方處得來就相處，若合不來也沒關係。

發生問題時會一直想「該怎麼解決才好」、「爲什麼會這樣」，由於想得過多，行動往往太慢。

不過他不會有什麼大失敗，即使有也可緊急剎車。萬一有了什麼差錯，要彌補也不會很困難。

這一類型的人，缺點是一旦說出絕不會改變，即使連一步也不會退讓。

平常反應很慢，然而一旦爆發，也是很恐怖的，性格上要注意這點。

說話較客觀
一絲不苟
不會有大失敗
或大失誤

常做「飛行」夢的人

經常做這種夢的人較開放，也較容易適應周遭環境的變化，擅於待人接物。

朋友很多，走在路上會有很多人和他們打招呼。

工作或學習可以很快決斷，可同時進行很多件事，活力旺盛。

女孩子會有想成爲男人的强烈慾望，做事較像男人。

即使失敗也不認爲那是失敗，不會承認自己有錯，不爲逆境所困，有很强的應對力。

不過處事太積極、缺乏慎重，這點應當要小心。未雨綢繆乃是上策。

由於太積極了，凡事鋒頭太健，讓人覺得你很好出鋒頭。

你會希望別人來配合你，所以要注意一方面除了要有自己的想法，一方面也要稍微考慮他人的立場。

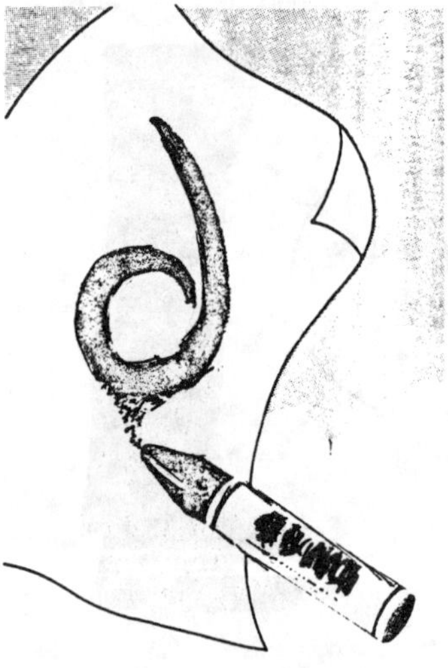

女孩子的話，
較有男子氣概
不為逆境所困，
有很強的應對力
較開放
處事太過積極
缺乏慎重

常做「動物」夢的人

有直覺力的人，腦筋很好，但理論多於行動，以當時的感覺做判斷行事。

反應快、敏感。易對美的東西感動，對別人的不幸也會寄予同情，喜歡幫助別人。

有藝術細胞，對音樂及繪畫有獨特的眼光。有夢的生活比實際生活更能吸引你。

這類型的人好像會很熱情，若喜歡上一個人會「勇往直前」，但發現不可能在一起，會立刻把自己投入工作或專注在自己的興趣上。

與戀人分手會想要養寵物，就好像自己可以把心力投注在那上面一樣。

缺點是禁不起別人說好話，別人會看出你的缺點，進而利用你的同情心，喜歡寵物。

此外，別人一稱讚你就很高興，而做出超能力的事。太關心對方會讓人有壓迫感，這點要注意。

常做「家人」夢的人

害羞、認真、努力的人多半是這類型的人。在乎與家人關係的人，不管是在學校或工作場合，都不可能是馬馬虎虎、隨隨便便的。

所以，不分男女都是很努力、很勤勉的，他們不會去追求理想，只會一步一步腳踏實地訂定計劃。

不會去做冒險的事，只會一步一步堅實地往前進。

不擅於交際，乍看很不易親近，但實際相處會發現人很好。不是圓滑型的人，但也不會讓對方對你有警戒心，與朋友多半會持續交往很久。

希望別人了解你的心情比別人強一倍，所以當別人傾聽你說話時，你會相當感激，能夠認同你的人你會對他更好

這類人的弱點是太過小心客氣，不會強迫別人做他不想做的事。太重視對方的想法，反而低估了自己。

謙虛當然是好事，不過有時也必須有自己的想法與主張。

常做「攻擊」夢的人

在夢中常夢到戰爭的人，是相當自私的，人家以爲你是相當沈穩及冷靜的人，其實你卻是個自私又任性的人。

無法忍受別人漠視你，喜歡出鋒頭。

這類人多半很擅於交際，也很懂得掌握別人的心。

這類人爲了出鋒頭，有時也會說自己的不是，這樣別人才會說你是個正直而老實的人。

並非真心讓座給老人，也許只是想讓周圍的人，認爲你是個有愛心的人。

很會利用別人，交往的人也多半會考慮他是否有利用價值。

所以這種人絕對不會有真正的朋友。

你身邊多半圍繞的，是會拍你馬屁的人，會對你忠告的人絕不會在你身邊。

你應該多結交會給你忠告的真心好友。

常做「被攻擊」夢的人

易迷惘且被動的人，很少主動爲自己做什麼，多半是別人在幫你。

組織裡面你不會做領導者，而只會出出主意，比方提出A資料及B資料，然後讓領導者來做判斷，非常適合做智囊團。

要下決定時會很迷惘，所以還不如請別人決定較輕鬆。

常想要改變現狀，但時間就這樣一直過去了，你仍然站在原地。

與人的關係，你會非常在意別人對你的看法，因爲你很擔心別人是不是認爲你不好。

尤其當你與好朋友的關係惡化時，你會相當煩惱。

不知是過度敏感還是天生勞碌，你會很在乎自己的身體，常常擔心這個擔心那個。

所以，你最好學會「凡事一定可以解決」、「不要在乎一些無聊的事」。

在無意識的狀態下容易想出好的點子

桶口連鎖店是一家很有名的藥品連鎖店，這家公司的老闆在以前還是家小藥店的時候，經營得非常困難。他常坐京阪線到京橋、千林、枚方等地，想要如何挽回業績。

有一天他回到家中，累得躺在沙發上，這時他忽然想起電車上前座的小學生為什麼在玩三角尺。

以前他都在京阪沿線開拓店，但藥局一定是住在某個區域裡面的人才會買，因此，與其考慮直線，不如先確保三個點。

於是這個方法果然奏效，業績也蒸蒸日上。

在想出這個方法之前，他著實煩惱了很久，整天都在想這件事。

但有一天三角尺忽然進入他的腦中，且成了一個很好的主意，這是在無意識時想出的，也是左腦與右腦聯手合作的成果。

第7章❖幽體脫離的證據

遵守與好友約定的靈體

『慕』雜誌刊登了以下一段故事，這是一個十九歲高中二年級男生的經驗。A君有一個喜歡摩托車的H君同學，有一天H君對A君說：

「我撿到了一台50CC的摩托車，今天晚上二點左右我們一起去玩。」

當天晚上A君在等H君時，約一點五十五分鐘左右，窗户傳來一陣陣的聲音。沒有摩托車的聲音，所以他想或許H君把車停住，用走的過來。

A君打開窗户要和H君講話，卻沒有看到H君。

於是A君心想H君說一說怎麼沒來，看了一下書之後，便上床入睡了。

第二天早上到學校，教室一片喧鬧，一問才知道，H君昨天晚上騎摩托車出事了。

前一天晚上，H君在T字路没有注意到紅綠燈，與自用車撞了個正著，當場死亡。雖然A君之前有對H君說：「你没有摩托車的執照還是不要啦！」但H君還是騎著摩托車到A君家。

「我兩點左右會到，你要把玄關的鎖打開」。H君曾這麼說，所以那時的窗户聲果然是H君没錯。

爲了遵守與好友的約定，靈體才會去敲窗户的吧！

緊緊綁住與幽體脫離有關

橫尾忠則有一段很有趣的幽體脫離經驗。

有一天早上，他坐在書房兼客廳的房間沙發上，一邊聽陽台傭人傳來的切菜聲，一邊看書。

忽然，他想到「會切到手」！

「一定要告訴她！但身體卻無法動彈。三天前她也切到手，當時我在房間想到可能會切到手，但已經來不及了……。」

有一個聲音從廚房傳來，我的身體才又可以動。

女傭說她在切菜時，忽然聽到「洞」的聲音，我好像出現在她面前，她嚇了一跳才大叫一聲，此時刀子掉落了，才沒有切到手。

她又問我說你剛剛是不是有到廚房來？」（取自AZ創刊號『超能力』）

應該是橫尾先生全身動彈不得時，另一個橫尾先生救了那名女傭。在一瞬間全身動彈不得，實在是非常不可思議。

蘇聯物理學教授的靈魂成功地移動了二八〇〇公里

研究超能力的學者當中，有人有幽體脫離的經驗，他就是蘇聯塔西肯多大學的物理學教授阿雷克森多羅佛，他一直到五十二歲成功地幽體脫離五百次以上。

「靈魂一脫離肉體，可穿透牆壁或是上了鎖的門，周圍的人看不到我，但我可以觀察他們。」

教授到巴格達及倫敦等地旅行，超心理學家比克多魯阿達面可博士與教授做了很多次實驗，百分之百地成功。

美國周刊新聞的特派員，做了從塔西肯多教授的住宅，到離二八〇〇公里的莫斯科某旅館的旅行。

「這家旅館的一〇〇一室的窗户有樹葉花紋的窗簾，桌子上有電視，桌子上另外有發電所關係的書籍及資料，及一個空的照相機盒。

等那位特派員真的到那家旅館的那個房間一探究竟，房間住的是一位發電所的技師，房間裡面的樣子和教授說的一模一樣。

聽說靈魂只有四分之一的機會可以移到正確的目的地，教授正在做各種實驗，以提高它的或然率。

蘇聯的超能力者在七一度體溫時幽體脫離

另有一個蘇聯幽體脫離成功的例子。一九八八年七月蘇聯的超能力者伊瓦·脫魯斯奇克在莫斯科的研究所遨遊了五個城市。

當他進入睡眠狀態時，他出現在西德的多利亞、西柏林、法國的布魯朱，羅馬、倫敦的機場，沒多久就消失了。

雖然他只出現了約二秒左右，但卻有六十七個目擊者。

在這段幽體脫離的時間內，脫魯斯奇克的體溫升高到七一度，腦波也停止，好像在假死狀態。

等幽體回來後，他的體溫及意識也恢復正常，且正確說出他走訪的五個城市的天候。

此外，他在蘇聯的超能力軍事利用上，也扮演了相當重要的角色。

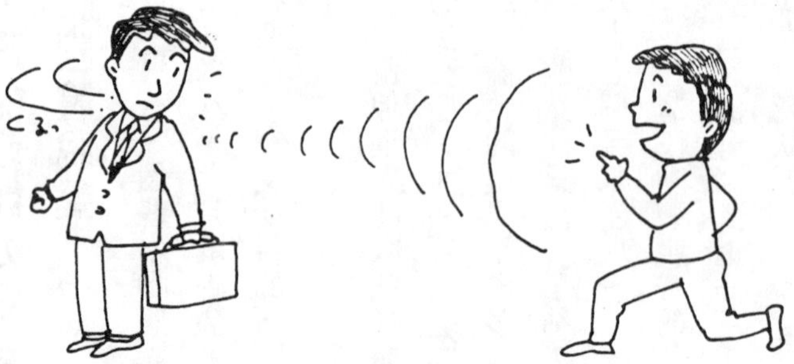

超能力是一種未知能力

社會心理學家南博說：「我親戚的小孩走路時，只要心想前面的人會回過頭來，他就真的回過頭來。」

南博認為「超能力」一詞會讓大家誤以為只有特別的人才有這種能力，但其實每個人都具有超能力。只要加以訓練，超能力還會增強，所以他認為超能力應該叫做未知能力比較好。

仔細想想，催眠術在前一個世紀也被認為是無稽之談，但現在卻廣為大家所研究，像瑜伽至今也仍有多處謎點，不過這也應是一種未知能力。

今後超能力應該會逐漸在科學界佔舉足輕重的地位。

目擊脫離肉體的例子

美國印地安那州的農夫渥魯達·馬克普來德，自己親身經驗的一件事當場還有目擊者。

有一天晚上，他睡覺時發現自己漂在房間裡，原本已經熄了的燈，周圍卻燈光通明。

我可以到天花板、二樓一點也沒有阻礙，但當我由高處往下看時，卻發現我的身體還睡在床上。

他於是飛到他的家中，父親身體不好躺在床上，他開口叫他父親。但父親只露出很驚訝的表情，卻好像沒有聽到他的叫聲。

之後，他回到自己家中，再進入自己的肉體，並儘快把當的時間及當晚發生的事寫下來。

第二天，他去看父親，父親在兩位客人面前說出了的確有這件事。

「我站在父親的床頭前時，他果然看到我了。父親把看到我的時間寫下來，與我所記錄下的時間一模一樣。」

幽體從肉體脫離的例子很多，但有目擊者的例子，的確相當罕見。

醫務官得知自己即將接近死亡

雷蒙得・A・慕底博士的研究，有很多是關於接近死亡的。其中特別有名的是英國空軍的顧問醫生，大英帝國貴族醫務官的故事。

他在第一次世界大戰中配屬於法國的旅團，有一天，他搭的飛機因飛行員操作失誤而墜落，在墜落時他有一點很奇特的體驗。

他發現自己的幽體飄在六十公尺的上空，並看到掉到機上的機翼及躺在地上的自己。接著他看到無傷的駕駛員及二名上官向他的身體奔去。

救護車出動，救護兵趕緊跳上救護車，後來好像忘了什麼東西，救護車停了一下，等救護兵去拿了東西才又再開。

他發現他快速在離開機場往海的方向走去，等到他有感覺時，發現救護兵正把一種刺激物倒到他喉嚨裡面。

後來聽二位上官述說當時的情形，駕駛員的行動、看護兵的動作等都與醫務官所看到的一模一樣。

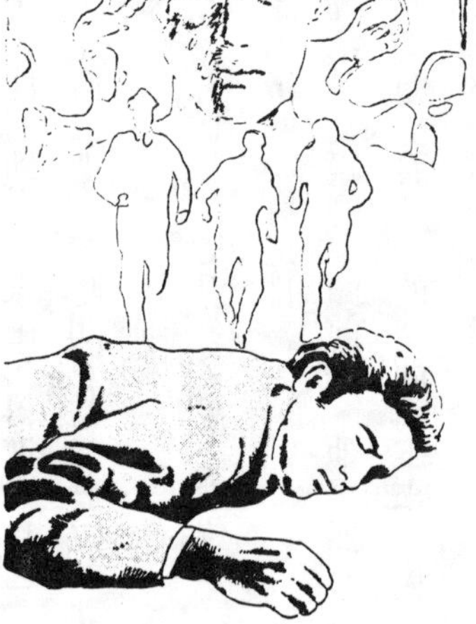

幽體由上往下俯看自己

曾經體驗過西藏密教修行的中澤新一，說出了他在瞑想中意識跑出身體外的經驗。

「我發現自己正在經歷一個很奇妙的體驗，我跑出自己的身體，並且由上看自己的身體，這真是個很奇妙的感覺。

由上往下看時，頭髮及衣服都看得很清楚，但周圍離身體愈來愈遠的地方也愈來愈暗。不過，我卻清楚看到睡在我後方的同寢室的年輕和尚，用擔心的眼神看著我這邊。」

就像這個例子一樣，從身體脫離出來的幽體會從上方往下看自己的身體。

有一個近似屍體經驗者說，當家人離開醫院留下死亡的自己時，醫院的護士看到死人把糖收到自己的口袋裡。

「鬼太郎」父親的靈魂

「鬼太郎」是日本家喻户曉的人物。

鬼太郎的家鄉鳥取縣，從以前就有靈魂傳説，這是呼叫鬼魂，鬼魂就會回來的傳聞，其實這正説明了以前的人也認爲靈魂會脱離身體。

不過從以前靈界就説：「死後一年以內不可叫出靈魂。」

鬼太郎本身也在父親死時，感覺到靈魂從人的肉體脱出。

鬼太郎的父親的靈魂在死後走訪了親戚。

鬼太郎從小時就對靈與妖怪很熟悉，他的嬸嬸是靈媒師，所以教他分辨各種妖怪的方法，並告訴他日本有二〇〇種左右的妖怪。

靈魂遇到了交通事故

有不少夢是夢到自己遇到車禍，不過像下面這個例子倒是很少。

一位住在倫敦附近二十七歲的青年非利浦‧馬斯，他夢到自己遇到車禍，然後醒來時已經滿身大汗。

他匆匆地要起床，不可思議地兩隻腳居然骨折而且冒出血。

馬斯的驚叫聲吵醒了太太瑪琳，於是她趕緊把他送到醫院。

醫院的醫生對這個奇妙的患者很訝異，動手術的外科醫生說：「他不知是不是被汽車撞到，但的確是被很巨大的東西撞到。」

他本人說他在夢中夢到自己在住家附近散步，但房子及樹木卻好像三十年前的一樣，他要過馬路時就忽然被撞倒了。

靈能者蓓拉‧蓋茲女士與被害者面談之後說：

「他的氣感受到以前自己的樣子，而在睡眠中幽體脫離了身體，他回到了自己的前世，而他生前可能就是死於車禍。」

他在睡覺時，又再度經歷了一次他在生前遇到的車禍，這實在是一個不可思議的例子。

告知女醫生死亡的消息

「二月上旬左右天氣還很冷，我剛治了一個急診的病患，在回家的途中，在這個寒夜裡，卻看到一名男子站在路邊升火，我覺得很恐怖，於是快速走過那名男子身邊。大約走了一百公尺左右，忽然覺得背後一陣恐怖，回頭一看剛才那名男子又在我背後升火，並用一種很悲傷的眼神看著我。

我看清楚他的臉時差點嚇壞了，原來他就是我剛才急診的病人，但剛才我不知怎麼了卻一直沒想到。等到回神時我已回到家中，還沒鎮定下來醫院就打電話來說剛才的病人死了。」

這是山梨縣一個女醫生的經驗。理論物理學者豬木正文博士認爲這可能是那位病人的靈魂出現在女醫生回家的路上。

可能靈魂想要通知醫生他已經死了，並想問醫生該怎麼好，才出現在醫生面前的。

迪肯茲的靈魂寫的小說

很多人大概都讀過英國小說家查爾斯・迪肯茲的名作「聖誕頌歌」。

迪肯茲開始寫「艾得溫・多魯多的神秘」這本書後，在一八七〇年六月去世。書還沒寫完就去世了，實在很可惜。

可是美國有一名與迪肯茲毫無關係的人，叫做詹姆斯的，從一八七二年的耶誕節到隔年的七月，把「艾得溫・多魯多的神秘」未完成的部份寫完了。

這本書從頭到署名都是迪肯茲的筆跡，並於一八七四年出版。詹姆斯在文章中的用語幾乎與迪肯茲一樣，所以讀者以爲這整本都是迪肯茲寫的。

人死後會變成微小粒子，並形成別的組織體殘留下來。

這個不可思議的組織體在火葬之前，便已飛出體外，寄宿在別人的身體。

很多天才的生死便是這種例子，比方格利雷歐・格利雷與牛頓的關係。

聽說一六四二年死亡的格利雷歐的組織體，寄宿在一六四二年出生的牛頓的肉體上。

三年前死亡一位駕駛人的字跡

很多人大概還記得主演一系列刑警故事的泰利·沙巴拉斯。

他曾經遇過一件很恐怖的事。有一天他的車子没油了，他想要下車找加油站時，忽然有一部車子停下來，很親切地問他要不要搭便車。

這個駕駛人特別對運動有興趣，車上一直提到一位哈利·阿根斯選手的事。没多久很幸運地找到了加油站，因爲他把錢包忘在車上，所以他向那位駕駛人借錢，並請他留下電話號碼。

幾天後，他看到報上報導那位駕駛人提到的哈利選手死亡的消息，而死亡的地點剛好就是那天他搭便車的地方。沙巴拉斯很驚訝的想打電話給那位駕駛人，聽電話的是他太太，他太太說：「我丈夫三年前就死了。」

沙巴拉斯跑去找他太太，並把他那時留下的電話號碼拿給他太太看，他太太說：「没錯！這是我先生的字。」

那位駕駛人大概是爲了專程通知沙巴拉斯哈利選手死了，所以才會出現的吧！

同時存在於二個地方的義大利樞機主教

現在物理法則有無法解開的神秘現象，那就是「一身處二地」。

研究家伴法典説，這類不可思議的現象，自古以來就有記載，但確定這項説法的是義大利的樞機主教阿魯豐沙斯·李哥利的經驗。

一七七四年九月二十一日，李哥利從羅馬要到阿里因城去做彌撒，但他卻忽然覺得不舒服並陷入昏睡狀態，五、六小時後他才醒過來，看看周圍，他説出了不可思議的話。

他説：「我剛從羅馬教皇的床邊回來，教皇逝世了。」

周圍的人以爲他是在做夢，並沒有把這件事放在心上，但四天後羅馬就傳來了教皇逝世的消息。

更不可思議的，是來自羅馬的消息説：「李哥利的祈禱讓教皇安詳地走了。」

很多人看到李哥利在教皇的床邊祈禱，且與身旁的人説話。

這表示李哥利樞機主教在阿里恩城昏迷不醒時，同一個時間他在教皇的床邊爲他做祈禱。

這種例子很多，但這個例子是非常可信且值得保存的。

找出超能力與你的關係

在開發超能力時，你對超能力的看法是相當重要的。

以下就來測驗你對超能力的態度(回答問題時不要想很久)。

- 你相信超能力的存在嗎？
- 你有過超能力的經驗嗎？
- 你可以感覺預知情報嗎？
- 你的夢有沒有變成現實過？
- 你曾想過今天不想搭車子或飛機嗎？
- 你和朋友有過心靈感應嗎？
- 你有過曾在某地做過某事的經驗嗎？
- 你曾覺得靈魂脫離自己的身體嗎？
- 你相信預知力的存在嗎？
- 你曾預知到什麼嗎？
- 你相信東西會破、會飛嗎？
- 你相信心靈治療嗎？

●你曾看過心靈治療嗎？
●你相信自己有心靈治療的能力嗎？
●你覺得自己也許有超能力嗎？
●你覺得社會上有超能力較好嗎？
●你常看超能力的書嗎？
●你相信死後的世界嗎？
●你相信有人可以和死後的世界聯絡嗎？
●你曾接到過死者給你的訊息嗎？
●你有對前世的記憶嗎？
●你相信人會轉世嗎？
●你常看與宗教有關的書嗎？
●你相信神佛嗎？

做完以上的測驗開始計分。○是2分，×是○分，?是1分。

0～12分　你很否定超能力，所以要很努力才可開發超能力。
13～36分　對超能力半信半疑，必須等到完全相信超能力的存在才會有超能力。
37～48分　對超能力深信不疑。這種人做超能力的實驗效果會很好。

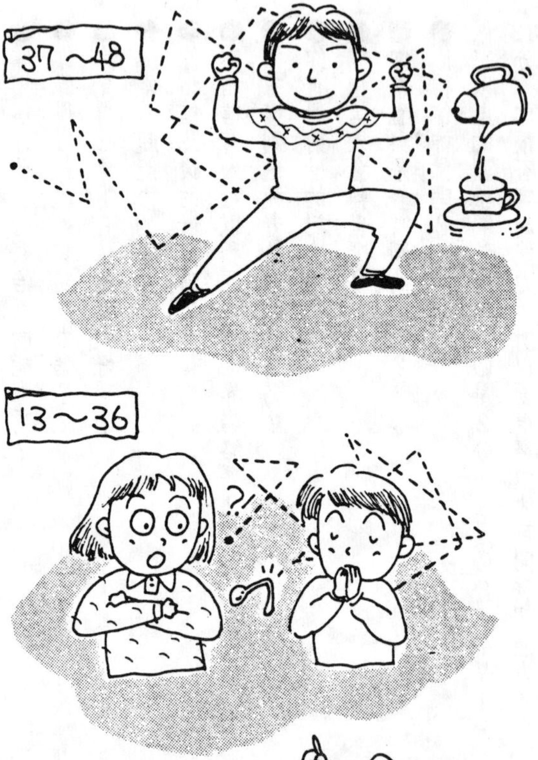
37～48
13～36
0～12
努力

第8章❖生物無法相信的超能力

龍血樹葉的恐懼

植物也懂人類的感情，發現這個特別現象的是美國的巴克斯達博士。

博士是測謊器的專家，他在美國各地教檢查官如何操作。有一天，他實驗的結果大出他意想之外，他下意識地想測驗看看龍血樹是否有說謊，於是他想把葉子燒燒看。測謊器的指針此時奇怪地振了一下，應該是龍血樹的葉子感到害怕。

爲了證實這個偶然的發現，博士又試了二十多種植物，結果證實植物對人的感情是有反應的。

博士還說有種子的穀物、水果與吃它的人若溝通良好它會很高興被吃，因爲它們的種子經過排泄可以繁衍種族，所以被它們吃，反而覺得很高興。

感受到死的植物

巴克斯達博士做了一個實驗，看植物是否會感受到其他生物的死。

把一隻蝦子丟進煮開的熱水，看植物有何反應？

不只對死而已，同樣地，植物對生也有感覺。比方卵在變化前的三、四天，指針出現了異常的脈動。

這證實了植物也是有感情的，這對品種改良及促進成長很有幫助。

日本最近在栽培番茄的溫室中放古典音樂，在溫室內放植物喜歡的音樂，聽說會增加收穫。比較讓植物聽音樂及沒聽音樂，收穫量及品種均出現很大的差異。

蔬菜喜歡快樂的音樂

山形縣寒河江市有一個魔法農場專門栽培蔬菜。

這個農場有番茄、萵苣、洋蔥，菠菜等水耕蔬菜，但它與其他農場不同的是「音樂栽培」。

莫札特的「弦樂五重奏曲K五一五」及貝多芬的「切羅·梭那多一號曲」每次放十五分鐘，一天放二、三次。

此外，這個農場用溶液通過磁石的磁化水來澆菜。音樂及磁化水是促進植物生長的二大要素。電氣化學專家說「磁石會促進植物根部的成長，磁化水則可增加番茄維他命C及糖分，並提高脫鹽作用。」

另外，早稻田大學的三輪敬之教授的音樂與植物生長的研究，也相當受到注目，他並强調「根部需要磁氣，葉子需要音樂」。

這種栽培方法會使栽培期間縮短二〇%，音樂的振動會刺激葉子打開背面的孔，使呼吸活化。

大阪府的光立園也用音樂栽培番茄、沙拉菜，從早上八點到晚上五點播放莫札特、貝多芬、蕭伯特等人的名曲。

植物與人的溝通

在植物的生體情報系統研究的分野中，早稻田大學教授三輪敬之的研究相當進步。

讀賣新聞六三年二月五日晚報刊登了這名教授的談話。

植物對音樂的感覺是本能的，是原始的，就好像嬰兒喜歡搖籃曲一樣，植物也喜歡聽音樂。

對花草說些溫柔的話，多稱讚它，花會開得比較漂亮，所以音樂自然地會被植物接受。

三輪教授把植物的葉子一片片裝上電極，讓它聽音樂，便會呈現像腦波的反應。音樂的種類、時間會影響波的樣子。

不過，有些植物會有反應，有些植物則沒有反應。甚至刺激某片葉子，但卻是另外一片有反應。

這就好像指壓的穴位一樣，葉脈也是有系統的，反應是出現在整體上的。

教授又說：「推廣這類研究很可能會促進植物的生長，也很可能會抑制植物的生長。」

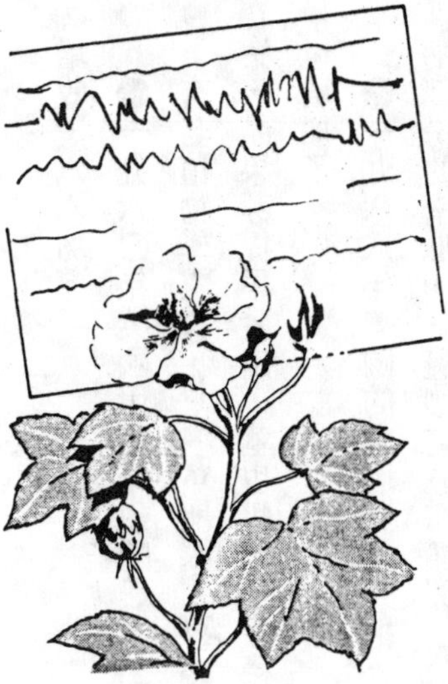

植物喜歡古典音樂

其實自古以來就有實驗在研究音樂與植物的關係。

道溫從一八六〇年代開始便演奏巴松管，測驗小葉是不是會受到刺激而運動。這個實驗是失敗了，不過很多科學家仍致力研究這個問題。

以下舉幾個例子。

●印度安南馬拉伊大學的辛夫教授，一九五〇年讓含羞草聽南印度傳承的古曲後，發現氣孔增加了六六％，細胞五〇％也放大。

●加拿大的技師甘比讓實驗農場的小麥聽巴哈的小提琴音樂，土質雖不好，但卻增收了六六％。

●一九六〇年美國伊利諾州的農業工會，有名植物學家G・E史密斯讓大豆聽音樂，結果芽提早發出，莖也變粗，收穫量也增加了。

●一九六八年美國的李塔克夫人把分爲兩部份的南瓜，一邊讓它聽海頓與巴哈蕭伯特的古典音樂，另一邊則讓它聽搖滾樂八個禮拜。前者的藤直直地伸到擴大器上，後者的藤則卷曲在擴大器上。聽搖滾樂的會長得比較遠。李塔拉克夫人有植物學的經驗，她做了二十五種植物的實驗，結果都大同小異，非常受到大學內其他研究者的注目。

植物也有特殊情報系

福拉生這位生物學家說，植物有意圖力，且對虐待會有激烈的反應，對善意也會有感激之心的生物共同性質。

植物與人的五感一樣，有它獨特的與外界溝通的方法，也有很多人類無法得知的現象，獲得非常高的評價。

能否利用這種植物的能力，是今後科學的課題。也就是從以往至今爲止的研究，會認爲植物的葉中有像人體氣道之類的特殊情報系，是理所當然的。

像剛剛所敘述一般，植物腦波的有效性相當高，若繼續研究，可望被用在軍事上。可安裝在叢林，以防止敵人急襲，也可用來防止空中劫機。若用來當作測謊機，會與以往的測驗謊言機相差很多。

相信你的潛在能力

每年，都有各種歌手出道，但其中能夠成功的，一百人當中只有一個。

會成功的歌手都有共通點，那就是他們對自己的歌都很有自信，新人歌星多半很在乎自己唱得好不好，所以引不起聽衆的回響。

成功的歌手，即使歌詞錯了，他也不會介意而是繼續演唱下去。

他們的心中確信「我的歌一定會被認同」、「觀衆一定會為我拍手」。

經常失敗的人會想「反正我是個沒用的人」而喪失鬥志，這種話對自己只有負面的影響。所以必須相信自己有超能力的潛在能力，你便會擁有超能力。

植物很害怕寂寞

生理心理學家約翰·麥魯達有一項不可思議的研究成果，他充當熱帶植物栽培輸入業者的顧問，開始與植物一起生活。

當客人抱怨買的植物生病了時，他會去調查植物生病的原因。他在公司的溫室中照顧幾千棵的植物時，發現了以下的事項。

當植物與好友分離時，它會覺得很孤單，於是開始乾枯，最後死亡。

若把它移回溫室，它便立刻恢復元氣。麥魯達去過幾百個顧客的家裡，發現植物被丟在一旁，或與上班的人、家人一起相處時，後者會長得比較茂盛。

比方放在溫室中的花，雖然經常給它澆水、照顧它，但把它放在人來人往的通道，它反而長得比較好，因爲人的視線會讓植物活躍起來。

很小的運動也會是很好的頭腦體操

運動與頭腦之間有很大的關係，只是平常自己沒有察覺而已。最好的例子是伸賴腰。當我們疲勞時會伸懶腰，雖然是下意識做的動作，這就是頭腦體操。為了讓頭腦清醒，下意識命令自己要伸伸懶腰。人的肌肉有叫做筋紡錘的小感覺器，當它一伸一縮時會刺激大腦，而使大腦清醒。人的手及腳有很多筋紡錘，善加利用的話可以有效刺激頭腦。

●把兩隻手臂向上抬，十隻手指張開，腳也同時打開，頭往後仰，等到伸到底時再整個放鬆，重複做四～五次。

●把肩膀朝前，然後再朝後伸並擴胸。肩膀朝前時脖子會放鬆、擴胸時脖子會向後倒，這也重複四～五次。

●手腕放鬆力量抖一抖，肩膀也一樣，最後整隻手臂抖一抖會使頭腦清醒些。

不可思議的無花果

植物中有一種食肉性的，當第一次碰觸它一秒～二十秒左右，第二次再碰〇·五秒以內，它的葉子就會閉上，它會把跑入內部的昆蟲吃掉。

另外有一種植物是呈現完全不同的反應，它是葉子的表面黏黏的，並散出昆蟲喜歡的氣味。

當蟲接近時，毛狀而長的組織便集中起來，並產生消化植物的酵素。

植物還有更不可思議的能力，巴西產的無花果的一種，鳥會將它運到很高的樹上發芽。這種無花果根分爲二部份，一部份是寄生的樹枝及樹幹，另一部份則向地面急速延伸。當根到達地面時，無花果便會快速生長，葉也會長得很茂盛，樹的根也會愈來愈多。

如此一來，寄生的樹木最後會枯死。這是因爲枝幹被纏住，樹液無法從根部送到葉子的緣故。

一直到樹木枯死，無花果都會長得很好，即使樹木枯了無法再寄生也不需擔心，這實在是植物非常不可思議的能力。

第8章　生物無法相信的超能力

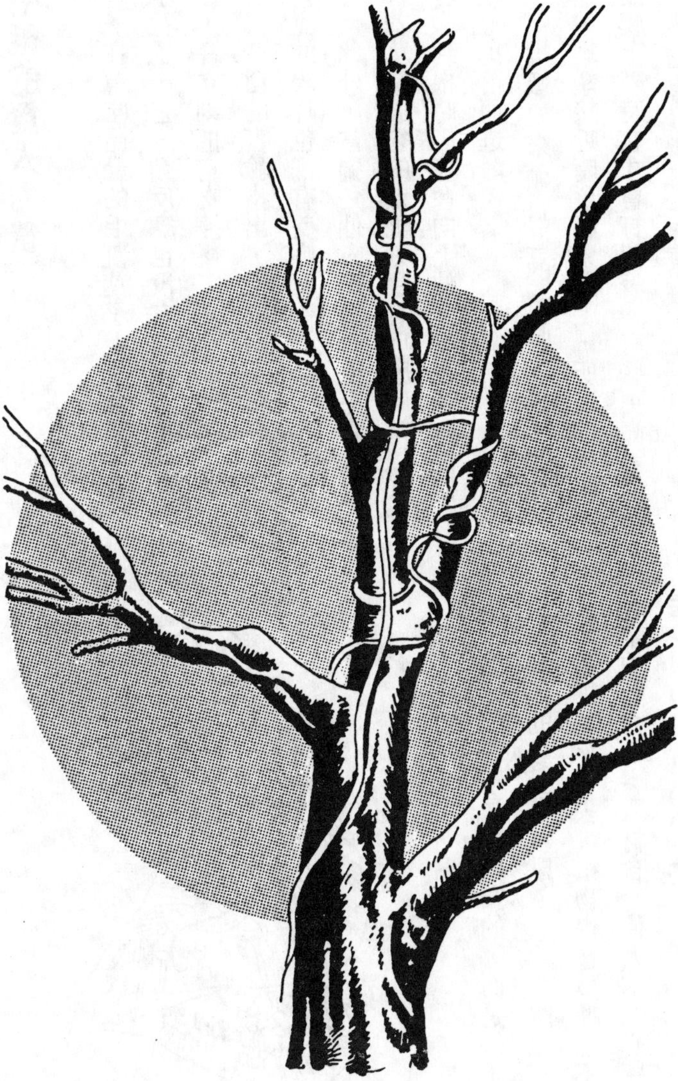

毛氈的驚人力量

在會吃昆蟲的毛氈葉子上放金屬片及小石子，它一點反應也沒有，但若是放肉片，會立刻把它吃掉。

達溫的實驗指出，毛氈對千萬分之八公克的碎片也都有反應。

此外，當獨角仙、螞蟻及毛毛蟲接近含羞草時，它的莖立刻會有反應。當侵入者碰到根時，莖會向上伸，侵入者會從樹枝上掉落而逃離。

螞蟻要來偷自己的蜜時，植物會知道，螞蟻接近時會趕緊閉上，所以當螞蟻没爬上來時它才會打開著。有些更高等的植物還會分辨哪一種是來保護自己的螞蟻，這種螞蟻不是來取蜜的，而是保護它遠離其他的蟲及草食獸。

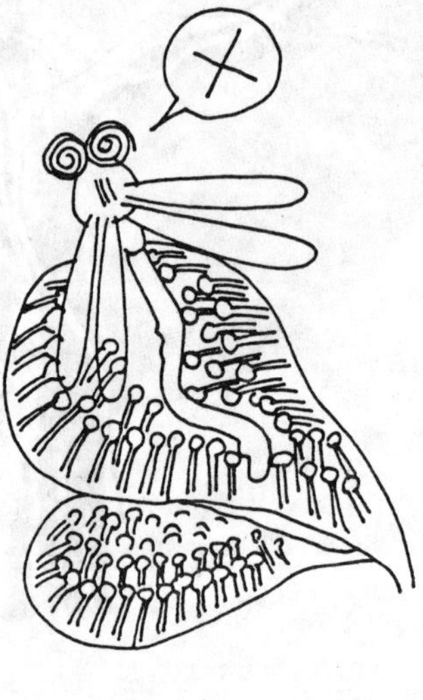

為了生存下去，植物也會發揮它不可思議的能力。（取材自『仙人掌人心感應法』NON·BOOK）

植物發射出來的能源

蘇聯的阿雷克山達·谷魯比其博士在一九三〇年代發現植物會發出生物能源。

把剛發出芽的洋蔥放入實驗管中，並把根朝向別的洋蔥，三小時後再看看它的細胞，發現增殖了二五％。

發現這個結果，博士認爲剛發芽的洋蔥放射出强力的能源，爲了確定這點，博士也做了人類細胞的實驗。

這個實驗是叫病人拿裝有酵母菌的容器，幾分鐘後酵母菌就死了，因爲癌症病人的血液中，沒有健康人一般的能源。

谷魯比其博士說「這種生物能源存在於所有的生物細胞，並製造周圍能源的地方」，蘇聯把這種能源叫做生體離子體·能源。

樹與樹之間會互相交換危險信號

一九八三年六月六日的華盛頓郵報，記載美國生態學者研究植物之間的交信。

華盛頓大學的歐里安茲及羅茲兩位博士，研究森林中有大量的害蟲來時，樹木要如何維持生命。

有約七千隻的害蟲進入森林，當蟲要開始吃葉子時，樹木會製造一種像生物鹼的化學物質分泌在葉子上把害蟲殺死。

當害蟲還沒有攻擊附近同種的樹時，很不可思議地，其他的樹也正在做相同的防禦。

這二位學者假設「植物透過根傳遞化學反應」，但並沒有得到證實。

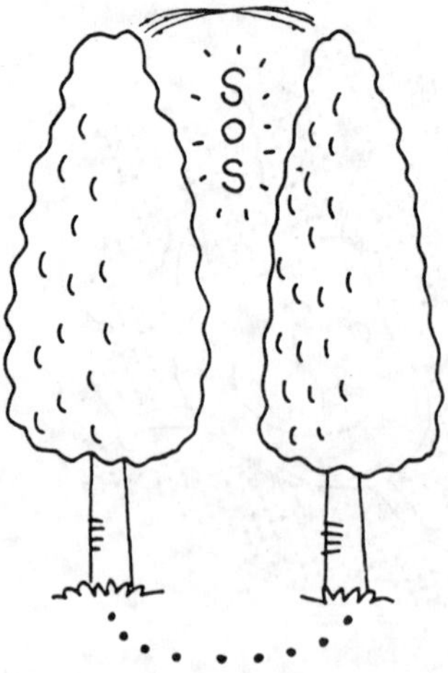

其實最適當的說法，可能是樹與樹之間有互相交換危險信號的能力，且植物有一套自己的信號系統。

四葉草的神秘力量

大家大概都有在草坪找四葉草的經驗吧！

「有很多傳說，提到這種小植物的神秘力量，它是非常稀有的，若自己家中的庭院，發現長有四葉草，那是表示幸運的象徵。

四葉草從以前就一直被認爲是有神奇魔力的植物。

英國的多魯伊多教徒（古代的原始宗教，崇拜太陽）相信：發現四葉草的人可以看到魔女及惡魔，所以當他們接近時，便可以立刻閃避。

有的說法是認爲四葉草因形狀類似十字架，所以被喻爲幸運的象徵。」（取材自「黃昏」一九八八・六月號）

預知地震的鱷魚

有人說「鯰魚騷動時就是地震要來了」。其實不只鯰魚，聽說鱷魚也有這種預知能力。

聽說有名的靜岡縣熱川香蕉鱷魚園的鱷角有預知墳火及地震的能力。這個鱷魚園約飼養了四百隻鱷魚，約四年前，只有春天到夏天這段發情期會叫的鱷魚，在大自然有變異前也會開始騷動。

已經二百年没有噴火的三原山，在噴火的前一天，也就是一九六一年十一月二十日，所有的鱷魚開始騷動，一年後又一次的噴火也是同樣的情形。

此外，千葉縣東方沖地震的時候，約五小時前，好幾隻鱷魚就把頭與尾巴朝天，不斷在池子裡游動。

這個鱷魚園與專門研究小動物與地震的動態的研究人員取得聯絡，研究鱷魚叫的時刻、種類、隻數並比對氣象資料。

鱷魚能夠感受到的範圍包括名古屋、長野、千葉，命中率相當高，且從鱷魚的動作還可以知道地震規模的大小。

日本動物園水族館協會指出：「肚子貼近地面的動物對振動很敏感，所以牠們可以感受到大地震要來前的微小地震。」

不管如何，生物的確具有人類無法相信的超能力。

提升能力的飲食法

中松義郎在紐約舉行的「世界發明大賽」中得到了多項獎項。他發明了像「省油器」、「空中農藥散布裝置」等，總共二三六〇件，比愛迪生的一〇九三件還多。

中松先生認為所謂頭腦好，應該是腦子一直處於活性的狀態，且多注意生活細節。

「不可喝酒、抽煙。咖啡、可樂、砂糖、乳製品也不可以吃。吃的東西會影響頭腦，所以必須非常注意飲食。

對頭腦好的，像大豆等穀類、魚類。蔬菜、海帶、芝麻、貝類也很好。如此看來，日本型的飲食方式很好，所以日本人頭腦很好。」

中松先生不管到哪裡都帶太太做的便當。

人一生用的頭腦細胞占全腦細胞的百分之八，要活化頭腦，每天的飲食是很重要的。

鮭魚的測知力

鮭魚會回到自己生長的河川。一九〇〇年左右，少數的魚類學家也指出馬哈魚有回巢的本能。

這是因爲地球的磁場會因季節而變化，所以會有這種情形發生。

鮭魚從三〇〇〇公里的地方回到自己生長的地方，應是順著別的指標而移動的。

就好像人類的鼻子有嗅覺一般，牠是因爲某種功能才回到牠生長的地方。

把人或熊的手放入水中，然後把它倒入河裡，在一百公尺遠處的鮭魚立刻察覺到，並且不再向前游動。

告知噴火的貓

「看到那波里死而無憾」，我們經常會聽到這句話。那波里灣面臨地中海，爲世界觀光客的最愛。那波里灣東側有一個貝斯比歐斯火山，火山對面的住家都會養很多貓。

一九四四年三月住在這山附近山巴斯提阿諾城的農夫加尼，發現家中飼養的貓與平時不太一樣。那隻貓特別興奮，但沒有食慾，到了深夜好像瘋了一樣。

這個農夫住在一個叫做地獄谷的山谷，火山只要一噴火，岩漿一定會流下來。但噴火是八十年前的事了，所以加尼並不擔心。

但這個晚上，貓實在太奇怪了，所以他們全家人爲了防範萬一，全部逃到安全的地方。

猜對了貓的預告，沒多久火山就開始噴火，流出的岩漿幾乎湮滅整座城市。

讓頭腦清醒、解除壓力的方法

生活中其實有很多壓力，不管是在唸書或工作。實驗證實給動物壓力會產生潰瘍等毛病，實際的生活中，精神的壓力的確會造成胃炎、胃潰瘍等毛病。

壓力太大自己的能力無法發揮，自己也會愈來愈消沈。要習得超能力必須減少壓力，以下就來告訴大家中國的壓力解除法。

①兩腿盤坐（坐在椅子上也可以）

②手掌向上，兩手十指交叉。

③交叉的兩手放在下腹部。

④從嘴巴吐二、三次氣，再從鼻子吸氣以調整呼吸。

⑤一邊從鼻子吸氣，一邊兩手用力好像要壓肚子般。

⑥在覺得快要呼吸困難時趕緊吐氣，並放鬆兩手。這個動作重複二、三次。

做這個呼吸法會使上升到腦部的血液下降。

第9章 ❖ 未知世界之鑰

消失的車子

聽說美國洛杉磯郊外的高速公路，正在行駛的車子會無緣無故的消失。一九六三年十一月的每日新聞有一則這樣的報導：

「某銀行的東京S先生，與店長代理K先生載了一位客人，葛飾支店次長由K先生駕駛由水户街道要到位於茨城縣的高爾夫球場。

他們前方有一部東京車號的自用車跑在他們前面，看得到車子後面座位左方有一個年齡不輕的男子在看報紙。

突然間車子的周圍出現水蒸氣，並且吹出白煙狀的瓦斯氣體。在短短的五秒鐘內，車子和人就不見了。」

這叫做「長距離瞬間移動」，也就是物體忽然消失，又出現在另一個地方的現象。

物體消失的惡魔回廊

地球上很有名的，物體會消失的就是百慕達海域。

比百慕達三角地域更恐怖的是從美國太平洋海岸加州北部，奧利根，華盛頓州到加拿大的三日月形大地帶。

發生ＵＦＯ事件的華盛頓州，有美國的軍機墜落於當地的雷尼亞山，這個地點就在四十年前海軍的輸送機沈没死了三十三人的地點附近。

這個被稱作「惡魔回廊」的地帶，也陸陸續續發生很多海難事故，釣魚的人或是划船的人就這樣無緣無故地消失，這真是太不可思議了。

飛機、船莫名其妙地消失，這個「惡魔的回廊」已經造成數百人行蹤不明，且每年人數仍在增加中。

從廁所消失的男子

從以前就有人忽然從這個世界消失的例子。消失的人從此不曾再回來，也有人後來又出現的。

『恐怖的消失事件』（山梨賢一）便介紹了下面這個不可思議的事件。

寬延、寶曆（一七四八～一七六四年）時，江州（滋賀縣）的八幡有一個叫做松前屋市兵衛的商人。

有一天晚上他帶著下女去上廁所，下女等了很久主人都没出來，一打開門看個究竟，市兵衛居然消失了。

他的妻子相信市兵衛還活著，決心等他回來，但等了一年、二年……仍等不到市兵衛，於是她再嫁了。市兵衛消失二十年後忽然又出現了。廁所有人叫的聲音「喂！喂！」

她用顫抖的手打開廁所的門，市兵衛穿著當時的衣服出現在她的眼前。

市兵衛完全不記得他失蹤的事，在消失的時候，也許時間和空間也跟著一起消失了。

大金字塔不可思議的數字

金字塔的構造有很多不可思議的數字。大金字塔總體積二五九萬立方公尺，平均重量二・五噸的石材二三〇萬個，由二〇三段所組成。

不管在地理上或天文上的測定基準，它都是一個巨大的物差。

●金字塔的單位庫比特等於通過地球之極半徑的一〇〇〇萬分之一。

●大金字塔的底部周長相當於年間日數的一〇〇倍。

●大金字塔的高度是地球與太陽平均距離的十億分之一。

●大金字塔位於北極與赤道間三等分之北緯三十度。

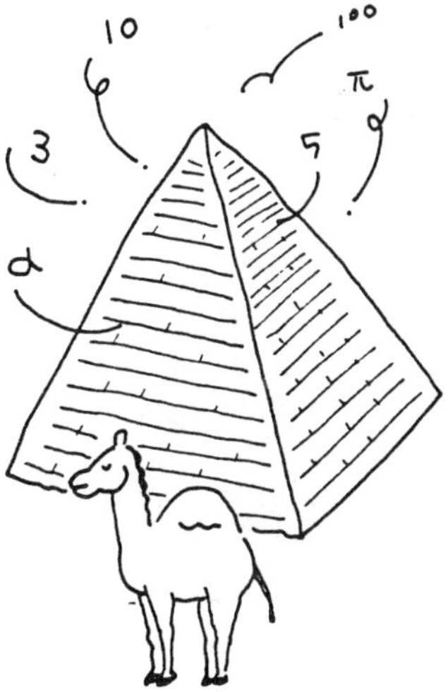

大金字塔的用途至今尚不明。

早稻田大學古埃及調查隊的吉村作治團長說：「金字塔這種立體建築物，並不是墓地，而是爲象徵來世而建的。」

金字塔具有未知的力量

法國的探險家安東瓦奴·包比去埃及旅行時，進入金字塔中發現了不可思議的事。他發現跑入金字塔中貓之類的小動物，死後都化爲木乃伊。

金字塔内並非乾燥，反而是濕氣高得令人冒汗。回國後他做了個金字塔的模型，並把貓的屍體放人裡面，幾天後貓真的化爲木乃伊。

這說明了金字塔有不可思議的力量，也吸引了科學家們的注意。

包比的這項發現是在二十世紀，其實以前人們就知道金字塔的神力，所以超能力者認爲金字塔是超能力的泉源，而善加利用。包比之後，人們又不斷研究金字塔的神力，又發現更多驚異的效果。

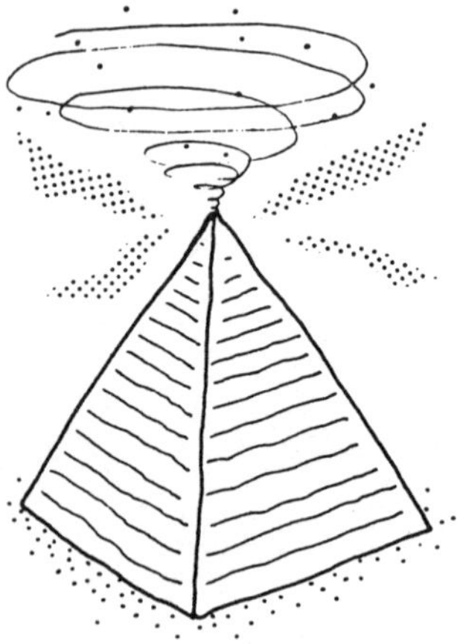

刮鬍刀變利＋金字塔改變了香煙的味道

在得知包比的事情後，南斯拉的無線技術者多魯巴魯自己進行實驗，並得到了金字塔裝置的專利。

他不只將牛肉、小羊肉、蛋、花、青蛙、蛇等成功地木乃伊化，還使用舊的刮鬍刀再度變利。專利是在一九四九年拿到的，總共花了十年的時間。

之後，蘇聯、美國、澳洲、紐西蘭、冰島等地也開始研究金字塔的神力。

保持刮鬍刀的銳利，以我個人的經驗是不能用不鏽鋼的刀片。蔬菜、水果、藥草等，最好都是乾燥以後保存效果會比較好。

其他像咖啡、威士忌的效果也很好。我自己本身會把咖啡豆放入金字塔中一個禮拜以上才喝，喝起來味道很棒。威士忌、酒放愈久愈好。聽說故園田直衆議員喜歡把sharthope 放進金字塔中才抽。

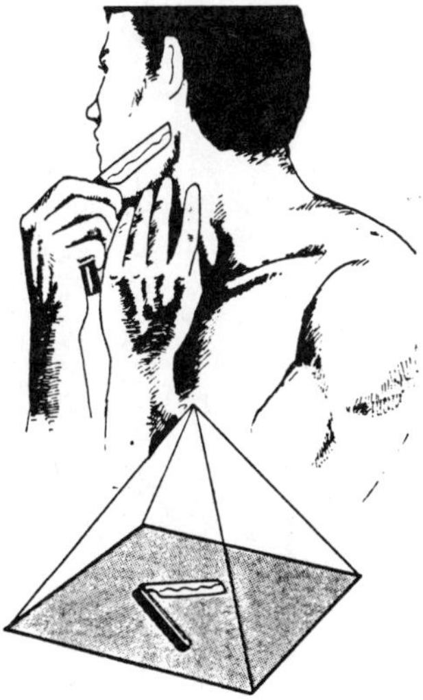

用金字塔來瞑想

金字塔對人體有很好的效果。比方把它放在頭下睡，因低血壓不易起床的人，第二天早上也會很快清醒。放在太陽叢（肚臍上約二公分處）下方時，即使睡得不多也會覺得精神很好。

到大的金字塔中效果更好，我一個做編輯的朋友感冒頭重重的，在金字塔中工作約十五分鐘後，便覺得神清氣爽，工作結束後感冒也好了。

金字塔可以幫助瞑想。以前的超能力者、聖人、行者在瞑想時都用金字塔。插畫家橫尾忠則把金字塔放大做成帳蓬，他在裡面由於精神安定，可以非常專心工作。其他尚有很多人也都認爲金字塔可以提高超能力。

沒有機會接觸到金字塔的讀者，可以用紙做金字塔戴在頭上，這樣可以使腦力集中。即將參加考試的考生也不妨試試這個方法。

金字塔水的驚異

有關金字塔對水的效果如下所述：

每天晚上把一杯水放入金字塔中，第二天拿出來喝會覺得身心爽快，這是入谷憲男的經驗，他還說把金字塔水澆入花盆中花不會乾枯，泡咖啡、煮飯時加入一些味道會更棒。

金字塔水對植物的生長很有效的例子相當多，它可以使植物活化，促進種子發芽，所以很多園藝家也多利用金字塔的神力，放入金字塔的種子發芽得比較快，短時間內會長出很好的苗來。

金字塔水的構造與宇宙能源、氣有關聯，構成水分子的水素原子二個與氧氣原子一個的位置角度，剛好是金字塔斜面角度（五一度）的二倍，所以水也可以說是微小金字塔。

此外，集中於金字塔重心的氣接近氧氣，水又容易溶於氧氣，所以放入金字塔中，氣就會更集中了。

可發揮能力金字塔的作法

要如何才能做好金字塔呢?如要發揮威力的話，它有一個固定的型。

我們就簡單介紹：只要用尺和圓規就能做的圖。首先，金字塔的底部是正方形，四邊側面是等腰三角形，而側面水平的折角必需是五一度。

這個傾斜面與水晶的斜面是一樣的，而水晶是所有天然礦石中，幾何型狀最平均的，金字塔與水晶有相同的斜面，實在是很神奇的。

材料最好是厚紙、木板、塑膠板等，彎曲的紙板、膠合板、發泡苯乙烯較不適合。

再一次建議大家用厚紙來做金字塔，也希望各位都能親身體驗金字塔的神奇力量。

金字塔的秘密是在三分之一高的地方

最後是關於做金字塔實驗時必須注意的，根據入谷憲男用蛋做的實驗及從世界各國的報告，能源集中的位置應該是在三分之一高的地方。

古代金字塔裝有國王棺木的石室，是位於金字塔的中央，從底部算起三分之一的高度。其實沒有必要拘泥是否在中心部，要注意的是放東西進去金字塔時，必須注意高度。

最值得注意的是在金字塔的四面務必對正東西南北，磁鐵指北多少有點偏差，可能的話最好是對準北極星的方向。

實驗最好不要在有收音機、電視機、高周波、高壓電的地方做，最好是到空氣新鮮的鄉下做較好。這樣便可避免金字塔神力是某種放射能源的錯誤說法。

開洋丸號二次遇上ＵＦＯ

開洋丸號於一九八六年十二月二十一日二次遇上ＵＦＯ，地點是在太平洋Mid Way的北方。

這天下午六點，航海員在雷達上看到了巨大的影像，它是橢圓形的，以前從沒見過這麼大的。其他的航海員注意到時已是十時三十分，這巨大的飛行體向他們飛了過來。

這個飛行物體繞著船的周圍繞，且做V旋轉或I旋轉飛行。

三十分鐘後有不明物體接近，發出奇怪的聲音，並從開洋丸號上方通過。

這不明物體從五、六公里外接近開洋丸號只花了四秒，速度是時速五〇〇公里。用這麼快的速度且可做直角旋轉及I旋轉的飛機根本不存在。雷達推測這個不明物體約有四〇〇公尺，所以這物體既不是飛機也不是人造衛星。

這不明物形狀是橢圓形的，體積大、速度快，飛行的招式以現在人類的科學力，根本不可能做到，所以必是從地球外來的物理。

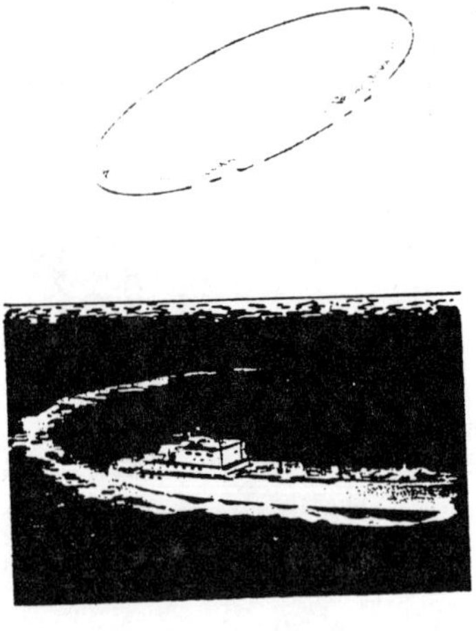

水產廳調查船看到UFO

世界各地每年對UFO實際存在的訊息都在增加當中，最近最可採信的應是水產廳的調查船遇到UFO的例子。

況且這條船還二次遇到UFO。這條船是屬於農林水產廳，負責調查海洋水產資源，平常巡迴於世界各地，船名叫做開洋丸（二六四四噸），它第一次遇到是在一九八四年十二月十八日晚上。

地點是在南非福克蘭群島的海域，當時航海員看到奇妙的黃色燈光，一開始以爲是人造衛星，但飛的樣子很奇特。

每隔一分鐘它還會發出亮光，看到光的五位工作人員都是有多年科學調查經驗的人，所以絕對可信。

他們說：「若是流星才不會持續那麼久，甚至不會水平地飛行。」

巨大透明的半球飄浮在空中

美國佛羅里達州的馬克蓮夫人於一九六八年十月十八日，在她家外面地上約三公尺的空中，發現直徑十公尺巨大而透明的半球。

裡面有二名高度中等的男子，半球幾分鐘後就消失了。夫人把這個景象用素描畫下來拿給專家看，專家們發現宇宙人的樣子與古代人很像，而且可能是幾千年前來到史堪地那維亞看到地球人的宇宙人，他們的子孫再度造訪地球。

雖然有這些看到ＵＦＯ的說法，但並沒有正式研究的機關，大家都認爲是看錯了或是幻覺而已。

義大利技師約翰·比里尼於一九五二年把宇宙人走在ＵＦＯ附近的照片拍下來，但卻被認爲是假的，最後還被他服職的義大利引擎公司革職。

謎之第五力

全美科學財團美國洛斯亞拉蒙斯國立研究所與空軍的科學家，發現存於自然界「第五力」的存在。

報告指出，他們在冰原上挖一個直徑十公分、深一六〇〇公尺以上的洞，把特殊裝置放入洞中並仔細測定重力，重力比牛頓力學的預定值高，證實了新的力量的存在。這個力量只有重力的五十分之一。

以前自然界只有四種力量：重力、電磁氣力、素子間作用的強力及弱力。到了七〇年才開始提倡依存於陽子與中性子的「第五力」的存在。這個力量若存在的話，即使重量相同的物質理論上的地球落下的速度也會不同，但這並不符合牛頓力學的大原則。

工業技術研究院的主任研究官也說：「重力異常的測定，以牛頓法則來推斷的話，會發現新的力量的確存在。」（讀賣新聞八月三日）

物理學其實還不是很完備，所以有我們不知的物質及法則存在，一點也不奇怪，與其用否定的態度看待它，不如積極去研究它。

「非科學」到「科學」之路

葛利雷歐·葛利雷說：「太陽不是繞著地球轉動，而是地球繞著太陽轉動。」

天體運行，時間之謎以「地球一邊自轉，一邊繞著太陽」的想法，比較容易說明。

但在科學上只這樣說是不夠的，特別是被科學排除於外的超能力及神秘世界。「非科學的世界」領域，希望以科學的精神來加以解剖分析，而納入「科學世界」。

不過「氣」的存在已大有改變，大家已經不會像以前用懷疑的態度來看待，這必需歸功於生理學及醫學的解釋。

希望科學界能趕緊接納透視、預知、念力等這些被認爲不可思議的謎。

右腦的動作比左腦快

愛因斯坦的相對論受到舉世矚目，他十八歲便已掌握了這個理論，並於一九〇五年二十六歲時發表這項理論。最後四十一歲時完成了這個理論。

另一個有名的例子是牛頓看到蘋果從樹上掉落，發現了「萬有引力的定律」，這是他一六六一年還在劍橋大學唸書時的事。聽說那時非常懷疑為什麼「蘋果會落到地球，但月亮卻不會落到地球」。

不過，他確立萬有引力並把它寫為著作，卻是在一六八七年的時候。

由右腦到左腦，在左腦轉化為文字理論，是需要一點時間的。

大展出版社有限公司 圖書目錄

地址：台北市北投區11204
致遠一路二段12巷1號
郵撥： 0166955～1
電話：(02) 8236031
8236033
傳眞：(02) 8272069

• 法律專欄連載 • 電腦編號 58

台大法學院 法律學系／策劃
法律服務社／編著

①別讓您的權利睡著了1	200元
②別讓您的權利睡著了2	200元

• 秘傳占卜系列 • 電腦編號 14

①手相術	淺野八郎著	150元
②人相術	淺野八郎著	150元
③西洋占星術	淺野八郎著	150元
④中國神奇占卜	淺野八郎著	150元
⑤夢判斷	淺野八郎著	150元
⑥前世、來世占卜	淺野八郎著	150元
⑦法國式血型學	淺野八郎著	150元
⑧靈感、符咒學	淺野八郎著	150元
⑨紙牌占卜學	淺野八郎著	150元
⑩ＥＳＰ超能力占卜	淺野八郎著	150元
⑪猶太數的秘術	淺野八郎著	150元
⑫新心理測驗	淺野八郎著	160元

• 趣味心理講座 • 電腦編號 15

①性格測驗１	探索男與女	淺野八郎著	140元
②性格測驗２	透視人心奧秘	淺野八郎著	140元
③性格測驗３	發現陌生的自己	淺野八郎著	140元
④性格測驗４	發現你的真面目	淺野八郎著	140元
⑤性格測驗５	讓你們吃驚	淺野八郎著	140元
⑥性格測驗６	洞穿心理盲點	淺野八郎著	140元
⑦性格測驗７	探索對方心理	淺野八郎著	140元
⑧性格測驗８	由吃認識自己	淺野八郎著	140元
⑨性格測驗９	戀愛知多少	淺野八郎著	140元

⑩性格測驗10	由裝扮瞭解人心	淺野八郎著	140元
⑪性格測驗11	敲開內心玄機	淺野八郎著	140元
⑫性格測驗12	透視你的未來	淺野八郎著	140元
⑬血型與你的一生		淺野八郎著	140元
⑭趣味推理遊戲		淺野八郎著	160元
⑮行爲語言解析		淺野八郎著	160元

•婦 幼 天 地• 電腦編號 16

①八萬人減肥成果	黃靜香譯	150元
②三分鐘減肥體操	楊鴻儒譯	150元
③窈窕淑女美髮秘訣	柯素娥譯	130元
④使妳更迷人	成 玉譯	130元
⑤女性的更年期	官舒妍編譯	160元
⑥胎內育兒法	李玉瓊編譯	150元
⑦早產兒袋鼠式護理	唐岱蘭譯	200元
⑧初次懷孕與生產	婦幼天地編譯組	180元
⑨初次育兒12個月	婦幼天地編譯組	180元
⑩斷乳食與幼兒食	婦幼天地編譯組	180元
⑪培養幼兒能力與性向	婦幼天地編譯組	180元
⑫培養幼兒創造力的玩具與遊戲	婦幼天地編譯組	180元
⑬幼兒的症狀與疾病	婦幼天地編譯組	180元
⑭腿部苗條健美法	婦幼天地編譯組	150元
⑮女性腰痛別忽視	婦幼天地編譯組	150元
⑯舒展身心體操術	李玉瓊編譯	130元
⑰三分鐘臉部體操	趙薇妮著	160元
⑱生動的笑容表情術	趙薇妮著	160元
⑲心曠神怡減肥法	川津祐介著	130元
⑳內衣使妳更美麗	陳玄茹譯	130元
㉑瑜伽美姿美容	黃靜香編著	150元
㉒高雅女性裝扮學	陳珮玲譯	180元
㉓蠶糞肌膚美顏法	坂梨秀子著	160元
㉔認識妳的身體	李玉瓊譯	160元
㉕產後恢復苗條體態	居理安•芙萊喬著	200元
㉖正確護髮美容法	山崎伊久江著	180元
㉗安琪拉美姿養生學	安琪拉蘭斯博瑞著	180元

•青 春 天 地• 電腦編號 17

①A血型與星座	柯素娥編譯	120元
②B血型與星座	柯素娥編譯	120元

③O血型與星座	柯素娥編譯	120元
④AB血型與星座	柯素娥編譯	120元
⑤青春期性教室	呂貴嵐編譯	130元
⑥事半功倍讀書法	王毅希編譯	150元
⑦難解數學破題	宋釗宜編譯	130元
⑧速算解題技巧	宋釗宜編譯	130元
⑨小論文寫作秘訣	林顯茂編譯	120元
⑪中學生野外遊戲	熊谷康編著	120元
⑫恐怖極短篇	柯素娥編譯	130元
⑬恐怖夜話	小毛驢編譯	130元
⑭恐怖幽默短篇	小毛驢編譯	120元
⑮黑色幽默短篇	小毛驢編譯	120元
⑯靈異怪談	小毛驢編譯	130元
⑰錯覺遊戲	小毛驢編譯	130元
⑱整人遊戲	小毛驢編著	150元
⑲有趣的超常識	柯素娥編譯	130元
⑳哦！原來如此	林慶旺編譯	130元
㉑趣味競賽100種	劉名揚編譯	120元
㉒數學謎題入門	宋釗宜編譯	150元
㉓數學謎題解析	宋釗宜編譯	150元
㉔透視男女心理	林慶旺編譯	120元
㉕少女情懷的自白	李桂蘭編譯	120元
㉖由兄弟姊妹看命運	李玉瓊編譯	130元
㉗趣味的科學魔術	林慶旺編譯	150元
㉘趣味的心理實驗室	李燕玲編譯	150元
㉙愛與性心理測驗	小毛驢編譯	130元
㉚刑案推理解謎	小毛驢編譯	130元
㉛偵探常識推理	小毛驢編譯	130元
㉜偵探常識解謎	小毛驢編譯	130元
㉝偵探推理遊戲	小毛驢編譯	130元
㉞趣味的超魔術	廖玉山編著	150元
㉟趣味的珍奇發明	柯素娥編著	150元
㊱登山用具與技巧	陳瑞菊編著	150元

•健 康 天 地•電腦編號18

①壓力的預防與治療	柯素娥編譯	130元
②超科學氣的魔力	柯素娥編譯	130元
③尿療法治病的神奇	中尾良一著	130元
④鐵證如山的尿療法奇蹟	廖玉山譯	120元
⑤一日斷食健康法	葉慈容編譯	120元

⑥胃部強健法	陳炳崑譯	120元
⑦癌症早期檢查法	廖松濤譯	160元
⑧老人痴呆症防止法	柯素娥編譯	130元
⑨松葉汁健康飲料	陳麗芬編譯	130元
⑩揉肚臍健康法	永井秋夫著	150元
⑪過勞死、猝死的預防	卓秀貞編譯	130元
⑫高血壓治療與飲食	藤山順豐著	150元
⑬老人看護指南	柯素娥編譯	150元
⑭美容外科淺談	楊啟宏著	150元
⑮美容外科新境界	楊啟宏著	150元
⑯鹽是天然的醫生	西英司郎著	140元
⑰年輕十歲不是夢	梁瑞麟譯	200元
⑱茶料理治百病	桑野和民著	180元
⑲綠茶治病寶典	桑野和民著	150元
⑳杜仲茶養顏減肥法	西田博著	150元
㉑蜂膠驚人療效	瀨長良三郎著	150元
㉒蜂膠治百病	瀨長良三郎著	150元
㉓醫藥與生活	鄭炳全著	180元
㉔鈣長生寶典	落合敏著	180元
㉕大蒜長生寶典	木下繁太郎著	160元
㉖居家自我健康檢查	石川恭三著	160元
㉗永恒的健康人生	李秀鈴譯	200元
㉘大豆卵磷脂長生寶典	劉雪卿譯	150元
㉙芳香療法	梁艾琳譯	160元
㉚醋長生寶典	柯素娥譯	180元
㉛從星座透視健康	席拉・吉蒂斯著	180元
㉜愉悅自在保健學	野本二士夫著	160元
㉝裸睡健康法	丸山淳士等著	160元
㉞糖尿病預防與治療	藤田順豐著	180元
㉟維他命長生寶典	菅原明子著	180元
㊱維他命C新效果	鐘文訓編	150元
㊲手、腳病理按摩	堤芳郎著	160元
㊳AIDS瞭解與預防	彼得塔歇爾著	180元
㊴甲殼質殼聚糖健康法	沈永嘉譯	160元

・實用女性學講座・電腦編號 19

①解讀女性內心世界	島田一男著	150元
②塑造成熟的女性	島田一男著	150元
③女性整體裝扮學	黃靜香編著	180元
④女性應對禮儀	黃靜香編著	180元

・校 園 系 列・電腦編號20

①讀書集中術	多湖輝著	150元
②應考的訣竅	多湖輝著	150元
③輕鬆讀書贏得聯考	多湖輝著	150元
④讀書記憶秘訣	多湖輝著	150元
⑤視力恢復！超速讀術	江錦雲譯	180元

・實用心理學講座・電腦編號21

①拆穿欺騙伎倆	多湖輝著	140元
②創造好構想	多湖輝著	140元
③面對面心理術	多湖輝著	160元
④偽裝心理術	多湖輝著	140元
⑤透視人性弱點	多湖輝著	140元
⑥自我表現術	多湖輝著	150元
⑦不可思議的人性心理	多湖輝著	150元
⑧催眠術入門	多湖輝著	150元
⑨責罵部屬的藝術	多湖輝著	150元
⑩精神力	多湖輝著	150元
⑪厚黑說服術	多湖輝著	150元
⑫集中力	多湖輝著	150元
⑬構想力	多湖輝著	150元
⑭深層心理術	多湖輝著	160元
⑮深層語言術	多湖輝著	160元
⑯深層說服術	多湖輝著	180元
⑰掌握潛在心理	多湖輝著	160元

・超現實心理講座・電腦編號22

①超意識覺醒法	詹蔚芬編譯	130元
②護摩秘法與人生	劉名揚編譯	130元
③秘法！超級仙術入門	陸　明譯	150元
④給地球人的訊息	柯素娥編著	150元
⑤密教的神通力	劉名揚編著	130元
⑥神秘奇妙的世界	平川陽一著	180元
⑦地球文明的超革命	吳秋嬌譯	200元
⑧力量石的秘密	吳秋嬌譯	180元
⑨超能力的靈異世界	馬小莉譯	200元

・養 生 保 健・電腦編號23

①醫療養生氣功	黃孝寬著	250元
②中國氣功圖譜	余功保著	230元
③少林醫療氣功精粹	井玉蘭著	250元
④龍形實用氣功	吳大才等著	220元
⑤魚戲增視強身氣功	宮　嬰著	220元
⑥嚴新氣功	前新培金著	250元
⑦道家玄牝氣功	張　章著	200元
⑧仙家秘傳袪病功	李遠國著	160元
⑨少林十大健身功	秦慶豐著	180元
⑩中國自控氣功	張明武著	250元
⑪醫療防癌氣功	黃孝寬著	250元
⑫醫療強身氣功	黃孝寬著	250元
⑬醫療點穴氣功	黃孝寬著	220元
⑭中國八卦如意功	趙維漢著	

・社會人智囊・電腦編號24

①糾紛談判術	清水增三著	160元
②創造關鍵術	淺野八郎著	150元
③觀人術	淺野八郎著	180元
④應急詭辯術	廖英迪編著	160元
⑤天才家學習術	木原武一著	160元
⑥猫型狗式鑑人術	淺野八郎著	180元
⑦逆轉運掌握術	淺野八郎著	180元
⑧人際圓融術	澀谷昌三著	160元

・精 選 系 列・電腦編號25

①毛澤東與鄧小平	渡邊利夫等著	280元
②中國大崩裂	江戶介雄著	180元
③台灣・亞洲奇蹟	上村幸治著	220元
④7-ELEVEN高盈收策略	國友隆一著	180元

・運 動 遊 戲・電腦編號26

①雙人運動	李玉瓊譯	160元
②愉快的跳繩運動	廖玉山譯	180元
③運動會項目精選	王佑京譯	150元

④肋木運動	廖玉山譯	150元
⑤測力運動	王佑宗譯	150元

・心 靈 雅 集・電腦編號00

①禪言佛語看人生	松濤弘道著	180元
②禪密教的奧秘	葉逯謙譯	120元
③觀音大法力	田口日勝著	120元
④觀音法力的大功德	田口日勝著	120元
⑤達摩禪106智慧	劉華亭編譯	150元
⑥有趣的佛教研究	葉逯謙編譯	120元
⑦夢的開運法	蕭京凌譯	130元
⑧禪學智慧	柯素娥編譯	130元
⑨女性佛教入門	許俐萍譯	110元
⑩佛像小百科	心靈雅集編譯組	130元
⑪佛教小百科趣談	心靈雅集編譯組	120元
⑫佛教小百科漫談	心靈雅集編譯組	150元
⑬佛教知識小百科	心靈雅集編譯組	150元
⑭佛學名言智慧	松濤弘道著	220元
⑮釋迦名言智慧	松濤弘道著	220元
⑯活人禪	平田精耕著	120元
⑰坐禪入門	柯素娥編譯	120元
⑱現代禪悟	柯素娥編譯	130元
⑲道元禪師語錄	心靈雅集編譯組	130元
⑳佛學經典指南	心靈雅集編譯組	130元
㉑何謂「生」　阿含經	心靈雅集編譯組	150元
㉒一切皆空　般若心經	心靈雅集編譯組	150元
㉓超越迷惘　法句經	心靈雅集編譯組	130元
㉔開拓宇宙觀　華嚴經	心靈雅集編譯組	130元
㉕真實之道　法華經	心靈雅集編譯組	130元
㉖自由自在　涅槃經	心靈雅集編譯組	130元
㉗沈默的教示　維摩經	心靈雅集編譯組	150元
㉘開通心眼　佛語佛戒	心靈雅集編譯組	130元
㉙揭秘寶庫　密教經典	心靈雅集編譯組	130元
㉚坐禪與養生	廖松濤譯	110元
㉛釋尊十戒	柯素娥編譯	120元
㉜佛法與神通	劉欣如編著	120元
㉝悟（正法眼藏的世界）	柯素娥編譯	120元
㉞只管打坐	劉欣如編譯	120元
㉟喬答摩・佛陀傳	劉欣如編著	120元
㊱唐玄奘留學記	劉欣如編譯	120元

㊲佛教的人生觀	劉欣如編譯	110元
㊳無門關（上卷）	心靈雅集編譯組	150元
㊴無門關（下卷）	心靈雅集編譯組	150元
㊵業的思想	劉欣如編著	130元
㊶佛法難學嗎	劉欣如著	140元
㊷佛法實用嗎	劉欣如著	140元
㊸佛法殊勝嗎	劉欣如著	140元
㊹因果報應法則	李常傳編	140元
㊺佛教醫學的奧秘	劉欣如編著	150元
㊻紅塵絕唱	海　若著	130元
㊼佛教生活風情	洪丕謨、姜玉珍著	220元
㊽行住坐臥有佛法	劉欣如著	160元
㊾起心動念是佛法	劉欣如著	160元
㊿四字禪語	曹洞宗青年會	200元
51妙法蓮華經	劉欣如編著	160元

•經 營 管 理•電腦編號 01

◎創新經營六十六大計（精）	蔡弘文編	780元
①如何獲取生意情報	蘇燕謀譯	110元
②經濟常識問答	蘇燕謀譯	130元
③股票致富68秘訣	簡文祥譯	200元
④台灣商戰風雲錄	陳中雄著	120元
⑤推銷大王秘錄	原一平著	180元
⑥新創意・賺大錢	王家成譯	90元
⑦工廠管理新手法	琪　輝著	120元
⑧奇蹟推銷術	蘇燕謀譯	100元
⑨經營參謀	柯順隆譯	120元
⑩美國實業24小時	柯順隆譯	80元
⑪撼動人心的推銷法	原一平著	150元
⑫高竿經營法	蔡弘文編	120元
⑬如何掌握顧客	柯順隆譯	150元
⑭一等一賺錢策略	蔡弘文編	120元
⑯成功經營妙方	鐘文訓著	120元
⑰一流的管理	蔡弘文編	150元
⑱外國人看中韓經濟	劉華亭譯	150元
⑲企業不良幹部群相	琪輝編著	120元
⑳突破商場人際學	林振輝編著	90元
㉑無中生有術	琪輝編著	140元
㉒如何使女人打開錢包	林振輝編著	100元
㉓操縱上司術	邑井操著	90元

㉔小公司經營策略	王嘉誠著	160元
㉕成功的會議技巧	鐘文訓編譯	100元
㉖新時代老闆學	黃柏松編著	100元
㉗如何創造商場智囊團	林振輝編譯	150元
㉘十分鐘推銷術	林振輝編譯	180元
㉙五分鐘育才	黃柏松編譯	100元
㉚成功商場戰術	陸明編譯	100元
㉛商場談話技巧	劉華亭編譯	120元
㉜企業帝王學	鐘文訓譯	90元
㉝自我經濟學	廖松濤編譯	100元
㉞一流的經營	陶田生編著	120元
㉟女性職員管理術	王昭國編譯	120元
㊱ＩＢＭ的人事管理	鐘文訓編譯	150元
㊲現代電腦常識	王昭國編譯	150元
㊳電腦管理的危機	鐘文訓編譯	120元
㊴如何發揮廣告效果	王昭國編譯	150元
㊵最新管理技巧	王昭國編譯	150元
㊶一流推銷術	廖松濤編譯	150元
㊷包裝與促銷技巧	王昭國編譯	130元
㊸企業王國指揮塔	松下幸之助著	120元
㊹企業精銳兵團	松下幸之助著	120元
㊺企業人事管理	松下幸之助著	100元
㊻華僑經商致富術	廖松濤編譯	130元
㊼豐田式銷售技巧	廖松濤編譯	180元
㊽如何掌握銷售技巧	王昭國編著	130元
㊿洞燭機先的經營	鐘文訓編譯	150元
52新世紀的服務業	鐘文訓編譯	100元
53成功的領導者	廖松濤編譯	120元
54女推銷員成功術	李玉瓊編譯	130元
55ＩＢＭ人才培育術	鐘文訓編譯	100元
56企業人自我突破法	黃琪輝編著	150元
58財富開發術	蔡弘文編著	130元
59成功的店舖設計	鐘文訓編著	150元
61企管回春法	蔡弘文編著	130元
62小企業經營指南	鐘文訓編譯	100元
63商場致勝名言	鐘文訓編譯	150元
64迎接商業新時代	廖松濤編譯	100元
66新手股票投資入門	何朝乾　編	180元
67上揚股與下跌股	何朝乾編譯	180元
68股票速成學	何朝乾編譯	180元
69理財與股票投資策略	黃俊豪編著	180元

⑩黃金投資策略	黃俊豪編著	180元
⑪厚黑管理學	廖松濤編譯	180元
⑫股市致勝格言	呂梅莎編譯	180元
⑬透視西武集團	林谷燁編譯	150元
⑯巡迴行銷術	陳蒼杰譯	150元
⑰推銷的魔術	王嘉誠譯	120元
⑱60秒指導部屬	周蓮芬編譯	150元
⑲精銳女推銷員特訓	李玉瓊編譯	130元
⑳企劃、提案、報告圖表的技巧	鄭 汶 譯	180元
㉑海外不動產投資	許達守編譯	150元
㉒八百伴的世界策略	李玉瓊譯	150元
㉓服務業品質管理	吳宜芬譯	180元
㉔零庫存銷售	黃東謙編譯	150元
㉕三分鐘推銷管理	劉名揚編譯	150元
㉖推銷大王奮鬥史	原一平著	150元
㉗豐田汽車的生產管理	林谷燁編譯	150元

•成功寶庫•電腦編號02

①上班族交際術	江森滋著	100元
②拍馬屁訣竅	廖玉山編譯	110元
④聽話的藝術	歐陽輝編譯	110元
⑨求職轉業成功術	陳 義編著	110元
⑩上班族禮儀	廖玉山編著	120元
⑪接近心理學	李玉瓊編著	100元
⑫創造自信的新人生	廖松濤編著	120元
⑭上班族如何出人頭地	廖松濤編著	100元
⑮神奇瞬間瞑想法	廖松濤編譯	100元
⑯人生成功之鑰	楊意苓編著	150元
⑲給企業人的諍言	鐘文訓編著	120元
⑳企業家自律訓練法	陳 義編譯	100元
㉑上班族妖怪學	廖松濤編著	100元
㉒猶太人縱橫世界的奇蹟	孟佑政編著	110元
㉓訪問推銷術	黃静香編著	130元
㉕你是上班族中強者	嚴思圖編著	100元
㉖向失敗挑戰	黃静香編著	100元
㉙機智應對術	李玉瓊編著	130元
㉚成功頓悟100則	蕭京凌編譯	130元
㉛掌握好運100則	蕭京凌編譯	110元
㉜知性幽默	李玉瓊編譯	130元
㉝熟記對方絕招	黃静香編譯	100元

㉞男性成功秘訣	陳蒼杰編譯	130元
㊱業務員成功秘方	李玉瓊編著	120元
㊲察言觀色的技巧	劉華亭編著	130元
㊳一流領導力	施義彥編譯	120元
㊴一流說服力	李玉瓊編著	130元
㊵30秒鐘推銷術	廖松濤編譯	150元
㊶猶太成功商法	周蓮芬編譯	120元
㊷尖端時代行銷策略	陳蒼杰編著	100元
㊸顧客管理學	廖松濤編著	100元
㊹如何使對方說Yes	程　羲編著	150元
㊺如何提高工作效率	劉華亭編著	150元
㊼上班族口才學	楊鴻儒譯	120元
㊽上班族新鮮人須知	程　羲編著	120元
㊾如何左右逢源	程　羲編著	130元
㊿語言的心理戰	多湖輝著	130元
51扣人心弦演說術	劉名揚編著	120元
53如何增進記憶力、集中力	廖松濤譯	130元
55性惡企業管理學	陳蒼杰譯	130元
56自我啟發200招	楊鴻儒編著	150元
57做個傑出女職員	劉名揚編著	130元
58靈活的集團營運術	楊鴻儒編著	120元
60個案研究活用法	楊鴻儒編著	130元
61企業教育訓練遊戲	楊鴻儒編著	120元
62管理者的智慧	程　義編譯	130元
63做個佼佼管理者	馬筱莉編譯	130元
64智慧型說話技巧	沈永嘉編譯	130元
66活用佛學於經營	松濤弘道著	150元
67活用禪學於企業	柯素娥編譯	130元
68詭辯的智慧	沈永嘉編譯	150元
69幽默詭辯術	廖玉山編譯	150元
70拿破崙智慧箴言	柯素娥編譯	130元
71自我培育・超越	蕭京凌編譯	150元
74時間即一切	沈永嘉編譯	130元
75自我脫胎換骨	柯素娥譯	150元
76贏在起跑點—人才培育鐵則	楊鴻儒編譯	150元
77做一枚活棋	李玉瓊編譯	130元
78面試成功戰略	柯素娥編譯	130元
79自我介紹與社交禮儀	柯素娥編譯	150元
80說NO的技巧	廖玉山編譯	130元
81瞬間攻破心防法	廖玉山編譯	120元
82改變一生的名言	李玉瓊編譯	130元

㊸性格性向創前程	楊鴻儒編譯	130元
㊹訪問行銷新竅門	廖玉山編譯	150元
㊺無所不達的推銷話術	李玉瓊編譯	150元

・處 世 智 慧・電腦編號 03

①如何改變你自己	陸明編譯	120元
②人性心理陷阱	多湖輝著	90元
④幽默說話術	林振輝編譯	120元
⑤讀書36計	黃柏松編譯	120元
⑥靈感成功術	譚繼山編譯	80元
⑧扭轉一生的五分鐘	黃柏松編譯	100元
⑨知人、知面、知其心	林振輝譯	110元
⑩現代人的詭計	林振輝譯	100元
⑫如何利用你的時間	蘇遠謀譯	80元
⑬口才必勝術	黃柏松編譯	120元
⑭女性的智慧	譚繼山編譯	90元
⑮如何突破孤獨	張文志編譯	80元
⑯人生的體驗	陸明編譯	80元
⑰微笑社交術	張芳明譯	90元
⑱幽默吹牛術	金子登著	90元
⑲攻心說服術	多湖輝著	100元
⑳當機立斷	陸明編譯	70元
㉑勝利者的戰略	宋恩臨編譯	80元
㉒如何交朋友	安紀芳編著	70元
㉓鬥智奇謀（諸葛孔明兵法）	陳炳崑著	70元
㉔慧心良言	亦　奇著	80元
㉕名家慧語	蔡逸鴻主編	90元
㉗稱霸者啟示金言	黃柏松編譯	90元
㉘如何發揮你的潛能	陸明編譯	90元
㉙女人身態語言學	李常傳譯	130元
㉚摸透女人心	張文志譯	90元
㉛現代戀愛秘訣	王家成譯	70元
㉜給女人的悄悄話	妮倩編譯	90元
㉞如何開拓快樂人生	陸明編譯	90元
㉟驚人時間活用法	鐘文訓譯	80元
㊱成功的捷徑	鐘文訓譯	70元
㊲幽默逗笑術	林振輝著	120元
㊳活用血型讀書法	陳炳崑譯	80元
㊴心　燈	葉于模著	100元
㊵當心受騙	林顯茂譯	90元

㊶心・體・命運	蘇燕謀譯	70元
㊷如何使頭腦更敏銳	陸明編譯	70元
㊸宮本武藏五輪書金言錄	宮本武藏著	100元
㊺勇者的智慧	黃柏松編譯	80元
㊼成熟的愛	林振輝譯	120元
㊽現代女性駕馭術	蔡德華著	90元
㊾禁忌遊戲	酒井潔著	90元
52摸透男人心	劉華亭編譯	80元
53如何達成願望	謝世輝著	90元
54創造奇蹟的「想念法」	謝世輝著	90元
55創造成功奇蹟	謝世輝著	90元
56男女幽默趣典	劉華亭譯	90元
57幻想與成功	廖松濤譯	80元
58反派角色的啟示	廖松濤編譯	70元
59現代女性須知	劉華亭編著	75元
61機智說話術	劉華亭編譯	100元
62如何突破內向	姜倩怡編譯	110元
64讀心術入門	王家成編譯	100元
65如何解除內心壓力	林美羽編著	110元
66取信於人的技巧	多湖輝著	110元
67如何培養堅強的自我	林美羽編著	90元
68自我能力的開拓	卓一凡編著	110元
70縱橫交涉術	嚴思圖編著	90元
71如何培養妳的魅力	劉文珊編著	90元
72魅力的力量	姜倩怡編著	90元
73金錢心理學	多湖輝著	100元
74語言的圈套	多湖輝著	110元
75個性膽怯者的成功術	廖松濤編譯	100元
76人性的光輝	文可式編著	90元
78驚人的速讀術	鐘文訓編譯	90元
79培養靈敏頭腦秘訣	廖玉山編著	90元
80夜晚心理術	鄭秀美編譯	80元
81如何做個成熟的女性	李玉瓊編著	80元
82現代女性成功術	劉文珊編著	90元
83成功說話技巧	梁惠珠編譯	100元
84人生的真諦	鐘文訓編譯	100元
85妳是人見人愛的女孩	廖松濤編著	120元
87指尖・頭腦體操	蕭京凌編譯	90元
88電話應對禮儀	蕭京凌編著	120元
89自我表現的威力	廖松濤編譯	100元
90名人名語啟示錄	喬家楓編著	100元

⑲男與女的哲思	程鐘梅編譯	110元
⑲靈思慧語	牧　風著	110元
⑲心靈夜語	牧　風著	100元
⑲激盪腦力訓練	廖松濤編譯	100元
⑲三分鐘頭腦活性法	廖玉山編譯	110元
⑲星期一的智慧	廖玉山編譯	100元
⑲溝通說服術	賴文琇編譯	100元
⑲超速讀超記憶法	廖松濤編譯	140元

•健康與美容•電腦編號04

①B型肝炎預防與治療	曾慧琪譯	130元
③媚酒傳（中國王朝秘酒）	陸明主編	120元
④藥酒與健康果菜汁	成玉主編	150元
⑤中國回春健康術	蔡一藩著	100元
⑥奇蹟的斷食療法	蘇燕謀譯	110元
⑧健美食物法	陳炳崑譯	120元
⑨驚異的漢方療法	唐龍編著	90元
⑩不老強精食	唐龍編著	100元
⑪經脈美容法	月乃桂子著	90元
⑫五分鐘跳繩健身法	蘇明達譯	100元
⑬睡眠健康法	王家成譯	80元
⑭你就是名醫	張芳明譯	90元
⑮如何保護你的眼睛	蘇燕謀譯	70元
⑯自我指壓術	今井義睛著	120元
⑰室內身體鍛鍊法	陳炳崑譯	100元
⑲釋迦長壽健康法	譚繼山譯	90元
⑳腳部按摩健康法	譚繼山譯	120元
㉑自律健康法	蘇明達譯	90元
㉓身心保健座右銘	張仁福著	160元
㉔腦中風家庭看護與運動治療	林振輝譯	100元
㉕秘傳醫學人相術	成玉主編	120元
㉖導引術入門(1)治療慢性病	成玉主編	110元
㉗導引術入門(2)健康・美容	成玉主編	110元
㉘導引術入門(3)身心健康法	成玉主編	110元
㉙妙用靈藥・蘆薈	李常傳譯	150元
㉚萬病回春百科	吳通華著	150元
㉛初次懷孕的10個月	成玉編譯	130元
㉜中國秘傳氣功治百病	陳炳崑編譯	130元
㉞仙人成仙術	陸明編譯	100元
㉟仙人長生不老學	陸明編譯	100元

㊱釋迦秘傳米粒刺激法	鐘文訓譯	120元
㊲痔・治療與預防	陸明編譯	130元
㊳自我防身絕技	陳炳崑編譯	120元
㊴運動不足時疲勞消除法	廖松濤譯	110元
㊵三溫暖健康法	鐘文訓編譯	90元
㊸維他命與健康	鐘文訓譯	150元
㊺森林浴—綠的健康法	劉華亭編譯	80元
㊼導引術入門(4)酒浴健康法	成玉主編	90元
㊽導引術入門(5)不老回春法	成玉主編	90元
㊾山白竹（劍竹）健康法	鐘文訓譯	90元
㊿解救你的心臟	鐘文訓編譯	100元
51牙齒保健法	廖玉山譯	90元
52超人氣功法	陸明編譯	110元
53超能力秘密開發法	廖松濤譯	80元
54借力的奇蹟(1)	力拔山著	100元
55借力的奇蹟(2)	力拔山著	100元
56五分鐘小睡健康法	呂添發撰	120元
57禿髮、白髮預防與治療	陳炳崑撰	120元
58吃出健康藥膳	劉大器著	100元
59艾草健康法	張汝明編譯	90元
60一分鐘健康診斷	蕭京凌編譯	90元
61念術入門	黃静香編譯	90元
62念術健康法	黃静香編譯	90元
63健身回春法	梁惠珠編譯	100元
64姿勢養生法	黃秀娟編譯	90元
65仙人瞑想法	鐘文訓譯	120元
66人蔘的神效	林慶旺譯	100元
67奇穴治百病	吳通華著	120元
68中國傳統健康法	靳海東著	100元
69下半身減肥法	納他夏・史達賓著	110元
70使妳的肌膚更亮麗	楊　皓編譯	100元
71酵素健康法	楊　皓編譯	120元
73腰痛預防與治療	五味雅吉著	100元
74如何預防心臟病・腦中風	譚定長等著	100元
75少女的生理秘密	蕭京凌譯	120元
76頭部按摩與針灸	楊鴻儒譯	100元
77雙極療術入門	林聖道著	100元
78氣功自療法	梁景蓮著	120元
79大蒜健康法	李玉瓊編譯	100元
80紅蘿蔔汁斷食療法	李玉瓊譯	120元
81健胸美容秘訣	黃靜香譯	120元

㉘鍺奇蹟療效	林宏儒譯	120元
㉓三分鐘健身運動	廖玉山譯	120元
㉔尿療法的奇蹟	廖玉山譯	120元
㉕神奇的聚積療法	廖玉山譯	120元
㉖預防運動傷害伸展體操	楊鴻儒編譯	120元
㉘五日就能改變你	柯素娥譯	110元
㉙三分鐘氣功健康法	陳美華譯	120元
㉚痛風劇痛消除法	余昇凌譯	120元
㉛道家氣功術	早島正雄著	130元
㉜氣功減肥術	早島正雄著	120元
㉝超能力氣功法	柯素娥譯	130元
㉞氣的瞑想法	早島正雄著	120元

・家 庭 ／ 生 活・電腦編號 05

①單身女郎生活經驗談	廖玉山編著	100元
②血型・人際關係	黃靜編著	120元
③血型・妻子	黃靜編著	110元
④血型・丈夫	廖玉山編譯	130元
⑤血型・升學考試	沈永嘉編譯	120元
⑥血型・臉型・愛情	鐘文訓編譯	120元
⑦現代社交須知	廖松濤編譯	100元
⑧簡易家庭按摩	鐘文訓編譯	150元
⑨圖解家庭看護	廖玉山編譯	120元
⑩生男育女隨心所欲	岡正基編著	160元
⑪家庭急救治療法	鐘文訓編著	100元
⑫新孕婦體操	林曉鐘譯	120元
⑬從食物改變個性	廖玉山編譯	100元
⑭藥草的自然療法	東城百合子著	200元
⑮糙米菜食與健康料理	東城百合子著	180元
⑯現代人的婚姻危機	黃　靜編著	90元
⑰親子遊戲　0歲	林慶旺編譯	100元
⑱親子遊戲　1～2歲	林慶旺編譯	110元
⑲親子遊戲　3歲	林慶旺編譯	100元
⑳女性醫學新知	林曉鐘編譯	130元
㉑媽媽與嬰兒	張汝明編譯	180元
㉒生活智慧百科	黃　靜編譯	100元
㉓手相・健康・你	林曉鐘編譯	120元
㉔菜食與健康	張汝明編譯	110元
㉕家庭素食料理	陳東達著	140元
㉖性能力活用秘法	米開・尼里著	150元

國立中央圖書館出版品預行編目資料

超能力的靈異世界/超科學研究會編著；關英男監修；
馬小莉譯，——初版，——臺北市，大展，民84
面；　　公分，——（超現實心靈講座；9）
譯自：超能力の不思議な世界
ISBN 957-557-562-8（平裝）
1.心靈感應

175.9　　　84012326

超能力的靈異世界

ISBN 957-557-562-8

原著者/超科學研究會
監　修/關 英 男
編譯者/馬 小 莉
承印者/國順圖書有限公司
發行人/蔡 森 明
裝　訂/嶸興裝訂有限公司
出版者/大展出版社有限公司
排版者/宏益電腦排版有限公司
社　址/台北市北投區（石牌）致遠一路2段12巷1號
電　話/（02）5611592
電　話/（02）8236031·8236033
初　版/1995年（民84年）11月
傳　真/（02）8272069
郵政劃撥/0166955-1
登記證/局版臺業字第2171號
定　價/200元

大展好書 好書大展